繁栄の女神が語る
TOKYO 2020
七海《ななみ》ひろこ
守護霊メッセージ

Ryuho Okawa
大川隆法

まえがき

女神降臨《めがみこうりん》……いや、正確には、「自由と繁栄の女神降臨」というべきであろう。神なき民主主義の時代に、こういう形で女神の臨在《りんざい》を知ることができたこと自体が奇跡《きせき》であろう。

この女神が、先の参院選の全国比例に引き続き、東京都知事選に出られる。東京都民のみならず、在京マスメディアの見識《けんしき》と洞察力《どうさつりょく》が試されている。偉大な魂は、年齢や性別にかかわらず出現するのである。

女性としての若さ、美、知性を兼《か》ね備《そな》えつつ、勇気、気概《きがい》、行動力、謙虚さも併《あわ》せ持つという稀有《けう》の存在——それが政治家・七海《ななみ》ひろこである。

本書は、七海ひろこ女史《じょし》の魂の源流、ルーツを探ったスーパージャーナリズムの結晶である。素顔の七海さんを知っている私にとって、尊敬でき、日本を代表できる女性だと推薦《すいせん》できる機会を頂いて、まことに光栄の至《いた》りである。

二〇一六年　七月十五日

幸福《こうふく》の科学《かがく》グループ創始者兼総裁《そうししゃけんそうさい》

幸福実現党創立者兼総裁《こうふくじつげんとうそうりつしゃけんそうさい》　大川隆法《おおかわりゅうほう》

繁栄の女神が語る　TOKYO 2020　目次

繁栄《はんえい》の女神《めがみ》が語る　TOKYO《トウキョウ》 2020

――七海《ななみ》ひろこ守護霊《しゅごれい》メッセージ――

二〇一六年七月十四日　収録
東京都・幸福の科学総合本部にて

「霊言現象《れいげん》」とは、あの世の霊存在の言葉を語り下ろす現象のことをいう。これは高度な悟《さと》りを開いた者に特有のものであり、「霊媒現象《れいばい》」（トランス状態になって意識を失い、霊が一方的にしゃべる現象）とは異なる。

また、人間の魂《たましい》は原則として六人のグループからなり、あの世に残っている「魂のきょうだい」の一人が守護霊《しゅごれい》を務めている。つまり、守護霊は、実は自分自身の魂の一部である。したがって、「守護霊の霊言」とは、いわば本人の潜在《せんざい》意識にアクセスしたものであり、その内容は、その人が潜在意識で考えていること（本心）と考えてよい。

なお、「霊言」は、あくまでも霊人の意見であり、幸福の科学グループとしての見解と矛盾《むじゅん》する内容を含《ふく》む場合がある点、付記しておきたい。

繁《はん》栄《えい》の女《め》神《がみ》が語る　TOKYO《トウキョウ》 2020
――七《な》海《な》ひろこ守《しゅ》護《ご》霊《れい》メッセージ――

二〇一六年七月十四日　収録
東京都・幸福の科学総合本部にて

七海《ななみ》ひろこ（一九八四〜）

幸福実現党広報本部長 兼《けん》 財務局長。東京都生まれ。慶應義塾《けいおうぎじゅく》女子高、慶應義塾大学法学部を卒業後、（株）ＮＴＴデータに入社。二〇〇九年、宗教法人幸福の科学に入局、国際局長、理事などを歴任し、二〇一五年に現職である幸福実現党広報本部長 兼 財務局長に就任する。著書に『七海ひろこの日本丸ごと富国宣言』（幸福実現党刊）がある。

質問者　※質問順

釈量子《しゃくりょうこ》（幸福実現党党首）

七海ひろこ（幸福実現党広報本部長 兼 財務局長）

栩坂明日美《とちさかあすみ》（幸福実現党職員）

［役職は収録時点のもの］

1　幸福実現党広報本部長・七海《ななみ》ひろこの守護霊《しゅごれい》を招霊《しょうれい》する

都知事選に立候補した七海《ななみ》ひろこを〝ディープに〟理解する

大川隆法　今回は、昨日《きのう》（二〇一六年七月十三日）、都知事選に立候補表明をされました、幸福実現党の七海《ななみ》ひろこさんを、よりいっそう〝ディープに〟理解していただく機会を持ちたいと考えました。

　ちなみに、幸福の科学の内部向けの経典《きょうてん》として、『富の創造について――岩崎弥太郎《いわさきやたろう》の霊言《れいげん》――』（宗教法人幸福の科学刊）が出ています。それを読んで、七海さんのことを「どんな、おじさんかいな」と思

『富の創造について
――岩崎弥太郎《いわさきやたろう》の霊言《れいげん》――』
（宗教法人幸福の科学刊）

う方もいるかもしれませんが、これは、たぶん、仕事力を上げるために、直前に経験なされた内容ではありましょう。三菱《みつびし》グループの総帥《そうすい》であり、〝御本尊《ごほんぞん》〟が（七海ひろこの）直前世《ちょくぜんせ》であるわけです。

そういう意味では、本来、三菱の総力を挙げて応援《おうえん》してほしいところではありますが、ほかの宗教も噛《か》みついている部分が一部あるようで、なかなか難しいところもあるのかもしれません。ただ、東京も含《ふく》めて、この国の繁栄《はんえい》について、実務的な知性もお持ちだろうと思います。

また、二〇一四年には、著書として、『七海ひろこの日本丸ごと富国宣言』（幸福実現党刊）も出されました。ただ、すぐには手に入らない本とのことです。

さて、当会のなかの人を紹介《しょうかい》するのは少し気が引けるところもありますが、七海ひろこさんは、幸福実現党の広報本部長 兼《けん》 財務局長です。年齢《ねんれい》は三十一歳《さい》ということですから、参院選、および、都知事選には三十歳から出られることを考えると、ギリギリと言えます。おそらく、今回の立候補者のなかではいちばん若いのではないでしょうか。例えば、有力三候補ということで、テレビに出ている人たち（小池百合子《こいけゆりこ》氏、増田寛也《ますだひろや》氏、鳥越俊太郎《とりごえしゅんたろう》氏）の平均年齢は六十八歳なので、それから見ればかなり若いと思います。

また、女性候補は、結局、小池さんを含めて三人だけでしょうか。

釈　そうですね。はい。

大川隆法　一度、〝母娘対談《ははむすめ》〟をやっていただきたいと思うぐらいですね（笑）。

最難関レベルを突破《とっぱ》してきた才媛《さいえん》

大川隆法　さて、七海ひろこさんは、慶應義塾《けいおうぎじゅく》大学法学部卒業ですから、もちろん、才媛《さいえん》ではありますが、実は、慶應女子高から入っているとのことです。これを聞いても、地方の人は、ちんぷんかんぷんかもしれませんが、東京の人はピーンとくるでしょう。高校から慶應女子に入るというのは、男性で言うと、高校から開成に入るのと同じぐらいの難しさです。あるいは、高校から学芸大附属《ふぞく》に入るのと同じぐらいの難しさでしょう。言葉ではなかなか分からないかもしれませんが、要するに、最難関レベルであって、東京で偏差値《へんさち》七十五ぐらいをキープしています。

そういう意味では、普通《ふつう》の人というか、〝庶民《しょみん》〟は入れないところです。私も入る自信はありません。おそらく落ちると思いますし、そもそも、〝性別検査〟で落ちるでしょう（笑）（会場笑）。

ともかく、かなり難しいわけで、大学から慶應に入るより、こちらのほうがさらに難しいのではないかと思います。

そして、文系ではいちばん難しいとされる法学部を出て、NTTデータに勤め、金融《きんゆう》関係の勉強をなされたようです。

それから、二年後ぐらいには当会の職員となり、政治家の卵をつくっているHS政経塾の立ち上げを手伝われました。また、国際本部や宗務《しゅうむ》本部でも経験を積まれています。

人当たりのよさをほめられる七海ひろこ

大川隆法　なお、七海さんは、何とも言えない独特の雰囲気《ふんいき》をお持ちの方です。「お嬢様《じょうさま》」なのだろうとは思うのですが、嫌味《いやみ》なところがなく、いろいろな人から、人当たりのよさについて、「ソフトな感じでいい」とほめられています。

また、私は最近まで存じ上げず、〝ご利益《りやく》〟も受けていないのですが、どうやら、「七海ハグ」というものが流行《はや》っているとのことです（会場笑）。あれは、無料でハグしてくれるんですか（会場笑）。「一回、十万円」とか要《い》るの？

釈　お金は取っていないらしいんですが。

大川隆法　無料ハグ？

釈　誰《だれ》もが、このハグを求めて、ええ（会場笑）。

大川隆法　ああ、それは、握手《あくしゅ》よりはかなり高いですねえ……。

釈　そうですね。

大川隆法　握手でも、何かみんな、手に血豆《ちまめ》ができるというぐらいですからねえ。ハグしてたら、服がボロボロになるのではないですか？

七海　いえ（笑）。

大川隆法　鎧《よろい》を着てやらないと、いけないかもしれません。

釈　そうですねえ。このハグを求めて、男性を中心に、多くの方が列をなすという感じで、大人気です。

大川隆法　うーん。何か、ちょっともったいないですねえ。横に、お賽銭箱《さいせんばこ》を置いておかなくてはいけないかもしれません（笑）（会場笑）。

噂《うわさ》によれば、当会の悪口を書いていた人も、七海ハグで〝持っていかれてしまった〟とのことですから（会場笑）、「それはなかなかすごい戦略だ」と思って驚《おどろ》きました。

ということで、国際本部でも財務局長をやっていただいたのですが、幸福実現党でも広報本部長　兼　財務局長をやっていただいています。

左翼《さよく》の強い都市部で「富の創造」について意見を述べる

大川隆法　また、直前の参院選では、七海さんは比例区で出られたのですが、やはり人気はそうとう高かったのではないでしょうか。

ただ、幸福実現党としては、もう一段、全国ネットの組織がキチッと出来上がっていなかったので、やや〝空砲《くうほう》〟だった部分があったのかもしれませんが、ポテンシャルとしてはかなり高かったのではないかと思うのです。

実際、選挙区のほうでは、全国計でだいたい百万票ぐらい行っていたので、党のほうのＰＲが上手に浸透《しんとう》できていれば、比例区も当然、同じぐらい行ったでしょう。そうなれば、議席が確保できていたところではあったわけで、これからもう一段、比例区のほうでも名前を出さなくてはいけないとは思っていたところです。そういうなかで、今回、比較《ひかく》的早い時期に、次の挑戦《ちょうせん》のチャンスが回ってきました。

ただし、首都・東京で戦うわけで、どうも都市部というのは、他の政党の組織選挙が、けっこう強いようです。日ごろから、そうとうやっているのでしょうが、かなり強いので、もう一度、「都市戦略」は考え直さなくてはいけないのかもしれません。

また、都市部は、左翼《さよく》が非常に強いところでもあります。マスコミも左翼の影《えい》響《きょう》をそうとう強く受けていますが、住んでいる人も左翼寄りの人が多いのです。

さらに、「左翼 兼 浮動票《ふどうひょう》」という方がとても多いので、この部分を取るのはそうとう難しいでしょう。

なお、都市部では、貧富の差というか、成功している人と失敗した人との落差が非常に開《ひら》きます。そのため、どうしても、成功した者や、国への批判、あるいは、行政への批判が強く出てくるわけです。

そういう面があるので、「左翼で売ったほうがマスコミのほうでも人気が出る」ということかと思います。

ちなみに、後藤田正晴《ごとうだまさはる》さん（故人・元副総理、内閣官房長官《かんぼうちょうかん》）について、こんな話を聞きました。

おそらく、今回、立候補しているジャーナリストではなかったかと思うのですが、後藤田正晴さんは、「テレビに出たときには、ちょっと左寄りの発言をするとマスコミが取り上げやすくなるんですよ」というようなことを言われたようなのです。確かに、自民党の官房長官（後藤田氏）なのに、テレビで左寄りのことばかり言っていたことがあったので、「なぜ、あんなに左に寄っているのかな」と思ってはいたのですが、「そうすると、マスコミが流してくれるからだ」という理由だったらしいということでした。

もちろん、マスコミにはそういう風潮はあるでしょうし、マスコミ自体、「反権力」が基本スタンスではあります。それが本心かどうかは別として、やはり、「権力批判」という感じでやるほうが、人気は出やすい面はあるのでしょう。

ただ、そういう状況《じょうきょう》のなかで、七海さんは、「富の創造」について意見を述べるということであるわけです。

繁栄《はんえい》の女神《めがみ》・七海ひろこのポテンシャルを探《さぐ》る

大川隆法　さて、今日は、〝岩崎弥太子《やたこ》〟ではなく、女性の面を打ち出せないかと考えました。「繁栄《はんえい》の女神《めがみ》　七海ひろこが語る」というテーマですから、このあたりを上手にPRできればありがたいと思います。

なお、ポテンシャルにおいて、あるいは、将来性においては、本当に十分な方でしょう。そこで、今回は特に首都圏《しゅとけん》の人に対してですが、七海さんについて、もっともっと〝ディープに〟知っていただきたいと考えています。

やはり、今回の候補者たちを見ても、みな、定年退職後の〝第二の勲章《くんしょう》〟をもらいに出てきている人がほとんどのような感じがするのです。何か、〝再就職〟という感じです。

釈　確かに、「もう一花《ひとはな》」という雰囲気が漂《ただよ》っている感じです。

大川隆法　そう、そう。

そういう意味では、「これから、本当にバリバリ働けそうな人を選ぶ」というのも悪くないのではないでしょうか。

特に、「（過去世が）日本の資本主義の原点の一人である」という方であれば、やはり大きな話であって、魅力《みりょく》はあるでしょう。

さらに、「女性の活用」についても、今後大きな影響が出るのではないかと考えます。

（七海に）あなたのほうからは、何か言ってほしいことはありますか。今日、渋谷《しぶや》で一時から街宣していたんですよね。

七海　はい、先ほど第一声を済ませて、帰ってまいりました。

大川隆法　ああ、暑いなか、本当にご苦労様でございます。

七海　いえ、私のほうこそ、ありがたい機会を頂いて、本当に感謝申し上げます。

大川隆法　いやいや、もう〝お邪魔《じゃま》〟してはいけないので、今日は、効果的な仕事をしなければいけませんね。

釈　このあと、政見放送の収録がございます。

大川隆法　ほお！　その材料になるようなことを何か取り出せないといけないでしょう。

釈　ありがたく思っております。

大川隆法　ええ、守護霊《しゅごれい》等に、どんな意見を持っているかを聞けたらと思います。（質問者として）女性三人で来られたら、たぶん（守護霊も）女性のほうで出られるとは思うのですが、もし論点が偏《かたよ》るようでしたら、ほかの方を探してみてもいいかもしれません。

それでは、いきましょうか。

幸福実現党広報本部長・七海ひろこさんの、本当のポテンシャルを探《さぐ》るべく、守護霊リーディングに入りたいと思います。今回は特に、希望としては女神の部分をお願いしたいと考えております。

七海ひろこさんの守護霊よ。

七海ひろこさんの守護霊よ。

どうか、幸福の科学総合本部に降りたまいて、その政治的な見識、その他、東京の人々に訴《うった》えたいこと、日本の政治について考えているいろなこと、あるいは、本人自身のPRになるようなことなど、ご意見を賜《たまわ》れば幸いだと思っております。

七海ひろこさんの守護霊よ。出てきてください。お願いします。

（約十秒間の沈黙《ちんもく》）

2　七海ひろこの守護霊は『記紀《きき》』に登場する有名な皇后《こうごう》

七海ひろこの守護霊として登場した女神《めがみ》とは

七海ひろこ守護霊　（手を二回叩《たた》く）

釈　七海ひろこさんの守護霊様でいらっしゃいますでしょうか。

七海ひろこ守護霊　はい、そうです。

釈　本日は幸福の科学総合本部にご降臨賜《たまわ》り、まことにありがとうございます。

七海ひろこ守護霊　（片手を挙げながら）うーん、うん、うん。出陣《しゅつじん》ですね。

釈　ああ……。

まず、女性でいらっしゃいますか。

七海ひろこ守護霊　（お腹《なか》を擦《さす》りながら）そうですよ。

釈　今、お腹を少し擦っていらっしゃいますが（笑）。

七海ひろこ守護霊　これは、まあ、そう大きい意味があることではありませんが、たまたまお腹を擦りたい気分がするもので。

釈　ああ、そうですか。

　本日、地上の七海さん本人は、渋谷《しぶや》のスクランブル交差点で、非常に感動的な内容の街頭演説をされまして、さっそく、ヤフーの検索《けんさく》データ急上昇《きゅうじょうしょう》ワードの一番になりました。渋谷の若者たちは、すでに、「七海ひろこ」を検索し始めております。

七海ひろこ守護霊　おお。

釈　そのような状況《じょうきょう》なのですが、まず、今、どのようなお気持ちでいらっしゃいますか。

七海ひろこ守護霊　やっぱり、すべての日本人男性のアイドルになるとともに、すべての日本人女性の憧《あこが》れになりたいと思っております（会場どよめく）。

釈　はああ……。また、非常に、何と言いましょうか……、素晴《すば》らしいお言葉を頂きましたけれども、ズバリお名前をお聞かせいただいてもよろしいでしょうか。

七海ひろこ守護霊　ううーん。

釈　神功皇后《じんぐうこうごう》でいらっしゃいますか。

七海ひろこ守護霊　まあ、左翼《さよく》系の教科書から、やや姿が消えているようであるので、残念ではありますけれども。名前を訊《き》かれれば、そういうことになります

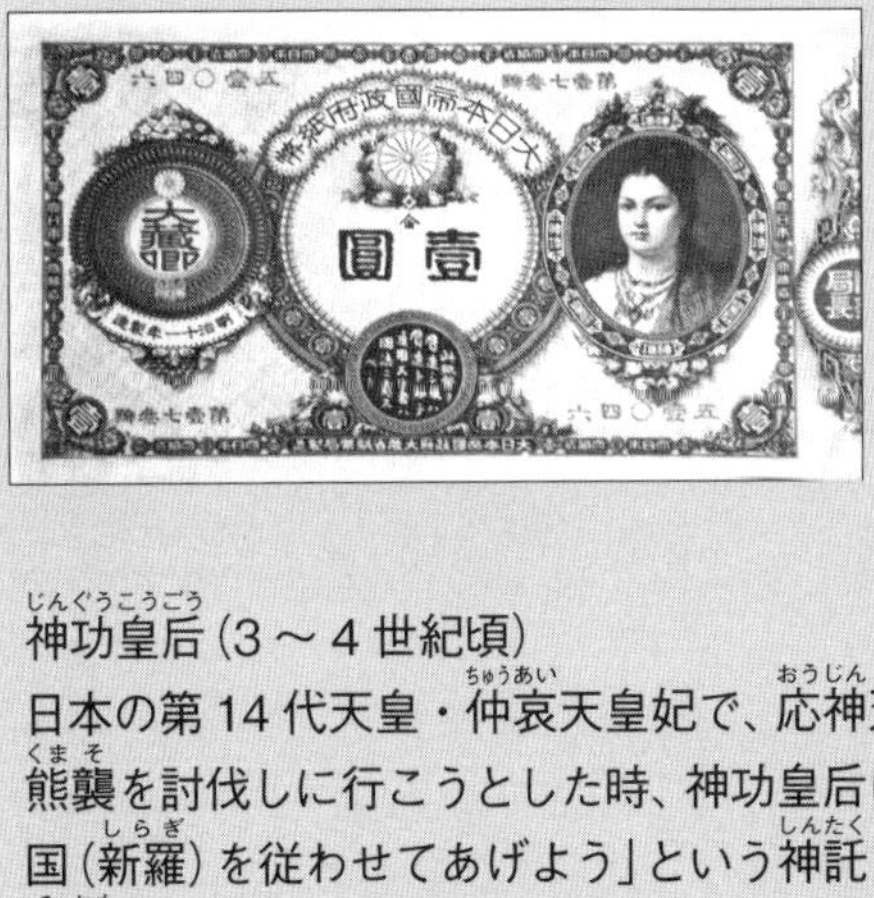

（上：三韓征伐に向かう神功皇后、月岡芳年《つきおかよしとし》画「日本史略図会　第十五代神功皇后」）
（左：神功皇后の肖像が印刷された明治時代の政府紙幣。日本における最初の女性肖像紙幣でもある）

神功皇后《じんぐうこうごう》（3～4世紀頃）
日本の第14代天皇・仲哀《ちゅうあい》天皇妃で、応神《おうじん》天皇の母。仲哀天皇が九州の熊襲《くまそ》を討伐しに行こうとした時、神功皇后は神懸《かみが》かりとなって、「西方の国（新羅《しらぎ》）を従わせてあげよう」という神託《しんたく》を受ける。その神託に従って身重《みおも》の体で朝鮮半島に進出し、新羅を征服、百済《くだら》と高句麗《こうくり》もこれに従った（三韓征伐）。帰国後、応神天皇を出産。69年間摂政《せっしょう》を務め、100歳まで生きたとも伝えられている。

ねえ。

釈　今、七海さんご本人には、どのようなことを強く指導していらっしゃるのでしょうか。

七海ひろこ守護霊　やはりですねえ、今、東京に必要なこととして、働く女性のパワーをもっともっと全開にしていかねばならないと思っています。

女性だから男性よりも統治能力が劣《おと》るとか、あるいは、信仰心《しんこうしん》が劣るとか、そういうことはありません。ちゃんと立派な人格を磨《みが》けば、男性をも従えて、一国を立てることも可能であると、こういうふうに思っておりますので。

男女の垣根《かきね》を越《こ》えて、しかし、女性らしさを失うことなく、やるべきことはやり、自分には厳しく、人には優《やさ》しく、豊かな国を実現する！

その道でやっていきたいというふうに考えています。

「国防」に対する強い思いを語る

釈　神功皇后といえば、まさに「三韓征伐《さんかんせいばつ》」で非常に有名でございますけれども、そのような国防の思いなども強くお持ちでいらっしゃいますか。

七海ひろこ守護霊　今、「征伐」という言葉を使うと怒《おこ》る人が多いので、言ってはならないかとは思いますが、まさしく、国防は今、大変な時期ですよね。

つい昨日《きのう》（二〇一六年七月十三日）も、ニュースで言っていたのではないかと思うけれども、国際の裁判所が、「中国の領土がフィリピンのギリギリまであるような、勝手に引いた領有権の（ライン）は、まったく法的根拠《こんきょ》がない」ということを言ったら、中国のほうは、「それは二千年間支配していたから、自分たち

●領有権のライン　九段線。中国が、南シナ海の領有権を主張するために地図上に引いた九つの破線のこと。南シナ海を囲い込むように引かれている。2016年7月12日、オランダ・ハーグの仲裁裁判所は、九段線について、「歴史的な権利を主張する法的根拠はない」とする判決を出した。

のものだ」と言うし。さらに、「その裁判所で否定されたことを日本の放送局から報道したものは、中国ではブラックアウトしてかからないようなことになっている」という、まさしく、現代にあってはならない野蛮《やばん》な状況が現出《げんしゅつ》しております。

それは隣国《りんごく》ですから、貿易額も最大級に大きいし、さらに、日本の今後の発展・繁栄《はんえい》に極《きわ》めて関係のあるところでございます。ただ、あの「歴史認識」から見ますと、日本が「歴史認識」で彼らに〝教えを乞《こ》う〟っていうのは、絶対に狂《くる》っています。そういう意味で、キチッとした国際レベルでの常識っていうものを教えなくてはならない。

今回、参院選等で野党は共闘《きょうとう》を組んで、国防に関して、「憲法には触《さわ》らせない」ということで、まあ、国防放棄《ほうき》ですよね？　はっきり言えば、国防放棄しております。

で、左翼系の新聞とか、テレビなんかでも、「南シナ海等に中国が島と軍事基地をつくって、隣国が危機に瀕《ひん》している」ということを、ちゃんと報道はしているのだけれども、それと選挙の報道とを分けて報道するので、「選挙は選挙。国防の危機は危機」で、関係を結びつけない。

まあ、これは順序を変えれば完全に関係してくるのですけれども、「それはそれである」ということを言いながら切り離《はな》して、「戦後の平和主義を捨てるのはけしからん」みたいな言い方をしている。

これは完全に自己矛盾《むじゅん》していますが、ここのところを粉砕《ふんさい》できた人がいないので、実に悔《くや》しいなと思っています。

釈　女性でありながら、非常に高いご見識をお持ちでいらっしゃいますけれども、ほかの魂《たましい》のごきょうだいとはまた別の強みがおありなのでしょうか。

七海ひろこ守護霊　うん。まあ、ほかには……。いやあ、でも、オールマイティな魂なので。

釈　オールマイティでいらっしゃるのですね。

七海ひろこ守護霊　ええ、ええ。男性がこなすことも女性がこなすことも、すべて一通りは、どのようなものでも指導できると、自分では思っておりますけれども。

釈　なるほど。

七海ひろこ守護霊　やっぱり、「国家」という意識が強く出てきた時代ですので。ですから、私の前の代では、中国や朝鮮《ちょうせん》半島に対して、そうとうへりくだった立場を取っていたことも多いんでございますけれども、私のあたりから、日本という国が強国になって力を増してきて、独立心を強く持って、独自性が強く出されてきたわけでありますので。

だから、今の、「アジアの海はみんな中国の海」みたいな言い方は、私の時代でさえ、そんなことは認められないことでございますので、「歴史認識においては、大いなる誤りがある」と言わざるをえないと思います。

当時、皇后《こうごう》として果たした役割とは

釈　神功皇后は、明治時代以前は天皇のお一人に数えられておりましたけれども、大正の時代には歴代天皇から外されてしまいました。

それでも、「日本の武家社会の神様である『八幡神《はちまんじん》』の母に当たる」ということで、日本においては、極めて尊い女性のお一人でいらっしゃるかと思います。

さらに、もう一つ、仲哀《ちゅうあい》天皇のエピソードが有名でございまして、非常に霊的《れいてき》な側面もお持ちでいらっしゃったかと思うのですが、そのあたりはいかがだったのでしょうか（注。熊襲《くまそ》討伐《とうばつ》のために筑紫《つくし》に赴《おもむ》いた仲哀天皇は、神懸《かみが》かりした神功皇后から、「新羅《しらぎ》を授ける」という神託《しんたく》を受けたが信じなかった。神の怒《いか》りに触《ふ》れた仲哀天皇は崩御《ほうぎょ》。神功皇后は神託に従って、皇子《みこ》をお腹に宿したまま朝鮮半島に出兵した）。

七海ひろこ守護霊　まあ、ある意味での、皇室の正統《せいとう》性の根拠というものを見せたようなところがあるのかなあと思うんですね。

ですから、天照大神《あまてらすおおみかみ》様の、本来のご存在の意義を、歴史上の人物として体現し

●八幡神　八幡宮《はちまんぐう》の祭神。神功皇后の子である応神天皇と同一とされる。源氏の氏神として信仰され、後《のち》に、武家の守護神となった。

たということかと思うんです。

釈　天照大神様とのご縁《えん》も、たいへん深い……。

七海ひろこ守護霊　そうなんですよ。

ですから、天照大神様も、もちろん女性としての美とか、調和とか、それから、母なる心でもって日本国民を愛しておられるところとかもございますけれども、国防に関する意識もとっても強くお持ちであって、「国を護《まも》る」ということに対してはナンバーワンでございますので。

私も、当時は霊体質でございまして。まあ、神降《かみお》ろしができること自体が、「神と同通できる」ということでございますので、「天照様に代わりまして、地上に肉体を持つ者として、人々に進むべき方向を指し示した」というところが大きいところでございます。

3 「女性パワーを活《い》かす」ための大胆《だいたん》な提言

「女性の戦力化」のために「チャンスの平等」を与《あた》える

七海　本日は貴重な機会を賜《たまわ》り、ありがとうございます。そしてまた、ずっとご指導くださり、本当に感謝申し上げます。

冒頭《ぼうとう》より、かなりの〝ディープさ〟で来ていますので（笑）、都民の一人として受け入れるのはなかなか難しいのではないかと思いつつも、受け止めさせていただいているのですけれども、そこのところも突《つ》っ込《こ》んで、このあとお訊《き》きしていきたいと思います。

まず、冒頭で、「働く女性のパワーの活用」ということをおっしゃったかと思います。これは、日本が、これからさらに興隆《こうりゅう》していくかどうかの大きなポイントかと思いますし、ここの支援《しえん》を必要とする女性がたも多くいらっしゃいます。

そこで、都政というところに当たりまして、働く女性のパワーをいかに活用していくかについて、お考えやお智慧《ちえ》、ビジョンをお持ちでいらっしゃいましたら、教えていただきたく存じます。

七海ひろこ守護霊　やっぱりですね、幸福の科学が、今、非常に進んできているのは、「女性パワー」を十分に活《い》かそうと考えているからではないかと思うんですね。

女性は結婚《けっこん》して、妊娠《にんしん》、出産等があって、時折、キャリア形成に後《おく》れを取る部分がございますので。

まあ、こういうことは、役人であれば法的保護が効《き》きますが、民間社会ではなかなか効かないことが多くて、結婚して、子供がいない間はまだ働けることは多いんですが、出産して子育てになると、結局、母としての責任が重くて、働けなくなると。

そういう意味で、プロフェッショナルとして、あるいは、キャリア女性としての道が狭《せば》まってくる部分が非常に多うございます。

まあ、日本も、「人口を増やしたい」っていうのを一つの国家戦略として大きく持っているなら、この部分については、もう一段、考えなければいけないということですね。

やっぱり、「男性は二十パーセント余分に働きなさい」と。「二十パーセント余分に働いて、二十パーセント分を女子のサポート部分に、埋《う》め合わせに使わなければいけない」と。

だから、昔から、「女子のほうが男性よりも二倍できて、同じぐらいの出世をする」みたいな言い方はよくされていますけども、そんな時代は、もう終わったんだということで。

七海　ほお。

七海ひろこ守護霊　女性を戦力として活用して、人間としての平等性っていうところで、キチッとチャンスの平等を与《あた》えるならば、「男が百二十パーセント働いて、女性が百パーセント働いて、これで昇進《しょうしん》は対等」。このくらいで行かなければ駄目《だめ》だっていうことですよ。

男女の間で必要とされる本当のフェアネス

釈　ちょっと〝斬新《ざんしん》な〟お考えかと思います。

七海ひろこ守護霊　何？　選挙に落ちる？

七海　そうですね……。

七海ひろこ守護霊　落ちるのなら困るんです。

七海　まず、一つの国家戦略としてというよりも、「一人ひとりが家族をつくって、絆《きずな》を持って、幸せな家庭をつくりたい」という、一つひとつの「個人の幸福」というものを積み重ねていったなかでの「国家の発展」というものもあるのかな、と思っております。

七海ひろこ守護霊　まあ、それはねえ……。でも、ちょっと「時代が変わった」んですよ。

だからねえ、子供たちも、もうちょっと「たくましくならなきゃいけない」とは思うんですよね。

釈　子供がたくましくなるとは、どういうことでしょうか。

七海ひろこ守護霊　要するに、母親のキャリアを全部潰《つぶ》してしまうような、そういう子供の教育の仕方っていうのは、システム的に、男社会が考えたシステムであるので。

釈　あっ、「女性は子育てだ」という役割分担が……。

七海ひろこ守護霊　そう。だいたい、基本的に、それが最終引退方法だと考えているけど……。

保育所がないとかあるとか、そんな議論でそれが決まるみたいな、環境《かんきょう》要因で決まるみたいになってるけど、それは、やっぱり根本的な間違《まちが》いであって、能力のある女性が働けない社会っていうのはよろしくない。これについては左翼《さよく》も右翼もないのであって、日本人としての国力を上げようと思えば、能力は引き出さなきゃいけない。

まあ、どんなボンクラであっても、ただただ会社に通っておれば課長ぐらいにはなれるような男社会っていうものはおかしいし、女性であるがゆえに、どんなに優秀《ゆうしゅう》であっても出世のチャンスがないような企業《きぎょう》っていうのも、これも絶対におかしいと思いますので。もうちょっとフェアネスに。

さらに、ゴルフで言う「ハンディ」みたいな、もし、結婚、出産に絡《から》んだことが、国家戦略として、「子孫《しそん》を増やしていく」ということも入ってるんだったら、その分、ちゃんと認められなきゃおかしいと思いますね。

釈　なるほど。

七海ひろこ守護霊　だから、皇后《こうごう》でお腹《なか》が大きくても、戦《いくさ》の指揮官として出ていったぐらいですから。神が国防の出動を命ぜられるんだったら、お腹が大きくても、出動するのが私の立場でしたので。まあ、自分に対しては厳しくありたいとは思っておりますけれどもね。

ただ、やはり男たるもの、女性を護《まも》ろうという気概《きがい》がないようでは、「大和《やまと》の男」としては情けないんじゃないですかね。どうでしょうか。

希望する者すべてに仕事をする道が開かれる社会を

七海　今は、生き方が本当に多様化している時代でございます。何千年のときを経《へ》た今の日本においては、魂《たましい》的に言えば、中身が「男性」か「女性」かということもあってのことかと思いますけども……。

七海ひろこ守護霊　いやあ、それは幸福の科学で初めてはっきり分かったことですよね。

「男性と女性が魂的に入れ替《か》わって（地上に）出てくることがある」っていうことは、現実に、数多くのリーディングの結果によって、「ああ、そういうことがあるんだ」ということで。

だから、たまたま男に生まれたか、女に生まれたかによって、ものすごくチャンスの差が開き、挑戦《ちょうせん》するチャンスが変わってくるっていうのは、やっぱり、おかしいことですよね。

もちろん、若くて、結婚適性で、出産適性のころは、女性であるということは、男性とはそうとう大きな差があるとは思いますけども、人生が八十年、九十年、あるいは百年に向かっている時代は、もう男性、女性の性差がそれほど大きくないですよね。

だから、六十歳《さい》を過ぎた今の（東京都知事選の）候補者たちを見ても、男性も女性も、特に差はないですよね。何の差もないですわ。「お化粧《けしょう》するか、しないか」と「服」の差ですよね。

だから、女性は女性であってもいいんだけども、何て言うか、幸福の科学でもよく言ってるように、「チャレンジする権利」、あるいは「チャンスの平等」を侵《おか》してはならないんであって。

まあ、当然、結果的に差が出る場合もあります。それは受け入れなきゃいけないものもあるとは思うし、「男に対して負荷《ふか》がかかってる」というのは、まあ、社会的にそうでしょう。

ただ、男として弱者に分類される者たちが、社会的に今、〝落ちこぼれている現象〟は起きていると思うんですよ。優秀な女性が進出することによって、実は、男としての能力が低い人たち、今までなら正規雇用《こよう》されてた男たちが、非正規に変わって、弱者呼ばわりされたり、あるいは、自分でしたりしている。それで、「自分たちの面倒《めんどう》を見ろ」みたいなことを言ってるようなのがいっぱいいるので、それの入れ替えが一部起きてきてるんだろうとは思います。

しかし、それはねえ、どっちが正しいかということではなくて、やはり、「希望する者すべてに仕事をする道が開かれる社会を、どうしたらつくれるか」ということを、もっともっと考えなければいけないんですよ。

私は、「建物とかシステムとか、そういうものにあまり頼《たよ》りすぎるのはどうかな」とは思っているんですけれども、少なくとも、文化のレベルで……。まあ、要するに、「女性はＧＤＰには貢献《こうけん》しなくていいんだ」っていうふうな考え方を持つ文化は、やはりおかしいと思っています。

4　どの立候補者が東京に繁栄《はんえい》をもたらすのか

現代における富の根拠《こんきょ》は「知識」と「スピード」

栩坂　七海候補は、強い「国防」の思いと同時に、「経済的な豊かさ」についても非常に……。

七海ひろこ守護霊　（栩坂《とちさか》のイヤリングを見て）あなた、大きい真珠《しんじゅ》をつけてる。それは本物なの？

栩坂　え？

七海ひろこ守護霊　大きい真珠みたいなのをつけてる。

栩坂　本物ではないです（苦笑）。

七海ひろこ守護霊　偽物《にせもの》？　偽物で、そんな大きいのをしたら、ばれるじゃない。

栩坂　（笑）

七海ひろこ守護霊　ああ、ごめんなさい。話の腰《こし》を……。

栩坂　いつか本物の真珠をつけられるように、頑張《がんば》ってまいります（苦笑）。

七海ひろこ守護霊　本物をつけなさいね。それが本物だったら、南洋真珠の大きさだからね。高い。

栩坂　はい（笑）。

釈　これは、コットンパールという、若い人向けのカジュアルなものですので。

七海ひろこ守護霊　ああ、そうですか。なるほど。分かった。そういうことですか。

栩坂　それで、「富」についてもお訊きしたいのですが、東京は、すごく可能性のある都市だと思うのです。

七海ひろこ守護霊　うんうん、そうそう。

栩坂　「東京のビジョン」について、どのように考えていらっしゃいますか。

七海ひろこ守護霊　現代における「富の根拠」はね、だいたい二つですよ。
一つは「知識」。もう一つは「スピード」。これが富を生む。
富は東京に集まってると思いますけれども、「知識」、まあ、「情報」も含《ふく》めてですけど、その知識と、スピードですね。物事を成し遂《と》げていくスピード。この速度が地方よりかなり速い。それは東京の特徴《とくちょう》ですよね。だから、富が生まれる。そういうことですね。

やっぱり、富をつくるためには、そうした、富のもとになる、富の源泉《げんせん》としての知識の「より有効な活用」、および、「より有用な活用」、さらに、「その選択《せんたく》」ですね。より有効な知識の使用方法を考えると同時に、時間をどのように集約的に集中投下《とうか》して成果をあげるかっていうことを考えなければいけない。

基本的に、「時間を短縮し、そして、富を増やしていく方向にできるものは善である」という考え方を持ったほうがいいんじゃないかと思います。

釈　今、お話しいただいたあたりは、他の候補者との差別化が明確に出るところかと思います。

七海ひろこ守護霊　なるほど。

七海ひろこ守護霊は、他の候補者をどう見ているか

釈　例えば、増田《ますだ》（寛也《ひろや》）候補は、「東京一極集中」を批判して、「地方創生」を言っておられますが……。

七海ひろこ守護霊　まあ、東京を岩手県のレベルに落とそうと頑張ってらっしゃる。そのレベルで東京都知事をすれば、自民党の執行部《しっこうぶ》が嫉妬《しっと》しないで、夜、安心して眠《ねむ》れると、まあ、そういうことでございましょう？

要するに、「東京のスピードを二倍から三倍遅《おく》らせよう」というのが、自民党と公明党が彼を担《かつ》いでる理由でしょ？

釈　なるほど。

また、都市部では、左翼《さよく》勢力が非常に強いかたちになっていますが、鳥越俊太郎《とりごえしゅんたろう》氏も左翼の代表というかたちで……。

七海ひろこ守護霊　この人は、四年間の知事任期を全《まっと》うできることを証明して見せなければ、出馬をする権利がないですよね。

釈　今、年齢《ねんれい》が七十六歳《さい》……。

七海ひろこ守護霊　ええ。だから、今、七十六で、過去にガンの手術を四回やって戻《もど》ってきて……、まあ、ステージ「0」から「4」まであるガンのステージ「4」をやって〝生き返った〟って言うけども、これは、ちゃんと都民に責任が取れるのかどうか。

都知事は、過去四年間で三人も変わってるというなかで、そんな、ガンの手術を四回もして帰ってきたような人が、あと四年間、ほんとにカチッと……、まあ、東京オリンピックを成功させるには、すごい体力が要《い》るはずですけど、それをやり遂げるだけの保証があるのか。

例えば、全国の優良な医者を呼んで、百人ぐらいに投票させて、この人が、八十まで、ほんとにまっとうに働けるかどうか、審査《しんさ》結果を出してから立候補していただきたい。

釈　なるほど。

逆に、七海候補は最年少候補ということで、今、三十一歳です（注。七海ひろこは八月一日で満三十二歳になる）。

七海ひろこ守護霊　ええ。

釈　そのため、ある意味で、「若すぎる」というお声もあると思います。

七海ひろこ守護霊　なんで「若すぎる」のよ。もう〝成熟〟し切ってる。

釈　成熟し切っている（苦笑）。

七海ひろこ守護霊　うん。もう全然！　若さなんて、どこにもない（会場笑）。いやいや！（笑）そういうわけじゃなくて、何て言うか、「若さに伴《ともな》う〝拙《つたな》さ〟」みたいなものは、どこにもありませんから。

七海　ほかの候補者は、現実の社会において、元県知事（増田氏）やジャーナリスト（鳥越氏）、あるいは、大臣を歴任された（小池氏）ような方々です。そのようななかでの、「若輩者《じゃくはいもの》の挑戦《ちょうせん》」ということで、頼《たよ》りなく見えるところもあるのかなと考えてございますが、そこについて、有権者の都民のみなさまに、どのようにしてお伝えしていったらよろしいでしょうか。

七海ひろこ守護霊　そうですかねえ？　私は、知事とか大臣とかいうのはみんな、もう死ぬ間際《まぎわ》の人ばかりがやってるように見えて。

釈　なるほど。

七海ひろこ守護霊　テレビなんかに映すと、すごい偉《えら》くて、立派な仕事をしてるように見えてるけど、実際は、休んで休んでしてるんじゃないかと思うんですよ。下が働いて、上の、ちょこっとだけ挨拶《あいさつ》してるぐらいのことなんじゃないかと思うので。

だから、だいたい、〝賞味期限《しょうみきげん》が切れて〟いるものを、みんな食べさせられている状態なんじゃないかと……。

釈　賞味期限が切れている、と。

七海ひろこ守護霊　ええ、働き盛《ざか》りはもう終わってる人たちが、名誉《めいよ》だけを求めて来てる。名誉を求めて来てる〝餓鬼地獄《がきじごく》の餓鬼〟たちのように見えて……、まあ、〝亡者《もうじゃ》〟ですね。

釈　はあ……。

七海ひろこ守護霊　〝我利我利《がりがり》亡者〟たち。もう出なくていい、〝自主規制〟しなければいけない人たちですね。

釈　では、ついでにお伺《うかが》いします。

小池百合子《こいけゆりこ》さんが立候補していますが、七海さんは、以前、彼女の選挙活動を手伝われたこともあるそうです。

ちなみに、小池候補に関しては、どう思われていらっしゃいますか。

七海ひろこ守護霊　うーん。まあ、よく働かれたので、貯金ももう十分できていらっしゃるでしょう。だから、あとはもう、老後は楽しく世界一周旅行に出られたらいいと思います（会場笑）。もう十分骨を折られたと思いますので。

「オリンピック後」まで視野に入れている七海ひろこ守護霊

釈　では、七海候補の強みというものは、どのあたりにありますでしょうか。

七海ひろこ守護霊　だから、「仕事ができる」ということですよねえ。仕事ができる。しかも、都庁のおじさんたちを尻《しり》に敷《し》くぐらい、わけがないことですから。簡単です。

釈　実は、七海さんは国際派で、三十カ国以上の海外経験があります。このあたりも、普通《ふつう》の女性とは違《ちが》うところであるなと思うのですけれども。

七海ひろこ守護霊　ああ、それは、舛添《ますぞえ》（要一《よういち》）さんみたいに、「公費で海外へ行った」と責められないで済むから、助かる。経験がすでにあるということは。まあ、「初めてのところに行って都市を見てきたい」とかいうので公費を使いすぎると、ああいうふうに責められたわけですから。

もうすでに経験済みであるから、必要なものを上手に選んで、まあ、大事な視察とかはもちろんするべきだと思いますけど、「遊びがてら行く必要はない」ということは、非常に便利だと思いますねえ。

やっぱり、東京は国際都市でなければもたないし、オリンピックも意味がないでしょうね。そう思います。

釈　「国際都市・東京」ということで、今度、オリンピックがやってまいりますが、オリンピックに関して、お考えやコメントがありましたら、お願いいたします。

七海ひろこ守護霊　やっぱり、「これを最大限に生かすには、どうしたらいいか」っていうことを考えるのが大事であると同時に、オリンピック後は、経済的なリセッション（景気後退）が起きることが多いので、そこの対策まで十分に考えなきゃいけない。

今、いくら旗を振《ふ》ってもアベノミクスが進まない理由はですねえ、オリンピックまでの四年間だけ、ゼネコン等に一生懸命《いっしょうけんめい》仕事を振っても、ゼネコンが本気で働かないんですよね。

「お金を出すから」って言っても、まあ、それで人をいっぱい雇《やと》って事業を大きくして、オリンピックが過ぎたあと、急にガラッと仕事がなくなったら、今度はリストラをやって、会社が倒《たお》れることがあるので。ほかの国では、そういうことがよく起きていますのでね。

そのため、仕事の要請《ようせい》が来ても、丸ごと呑《の》まないで、微《び》調整し、少しやるぐらいで、「ほかの誰《だれ》かがリスクを被《かぶ》ってくれないかな」みたいなことをやっているのが現状ですわね。

だから、オリンピックでつくった施設《しせつ》、および、かけた費用を、さらにその後も、二重三重に使えるような工夫《くふう》をしていくべきだと思います。

やっぱり、オリンピック施設の、次の代での有効利用方法まで考えてつくっていくことが大事。

多少の改装等が必要になるかもしれませんが、低廉《ていれん》な予算で改装して、ほかのものに十分使っていけるようなところまで詰《つ》めをするように、部下である十六万人の（東京都の）職員に指示をし、そういうふうに準備させる。これが大事だと思います。

5 国際都市・東京に必要な「外交」と「富の創造」

情報統制をされ、洗脳されている中国と韓国《かんこく》

栩坂　国際化に関しては、かなり強い気持ちを持たれていると思うのですが、一方で、中国人の方がたくさん来たりということで、有権者のなかには抵抗《ていこう》を持っている方も大勢いらっしゃると思います。

そこで、この国際化に関して、もう少し詳《くわ》しくお話を……。

七海ひろこ守護霊　中国人が来てもね、ただ買い物だけして帰らせるとか、はとバスに乗って回って帰らせるだけっていうのは、よくないと思うんですね。

やっぱり、日本に来て、「資本主義自由経済」と「民主主義」の勉強を同時にしてもらう必要があるので。

そういう人たちが来たときに、買い物だけして、炊飯器《すいはんき》を買って帰るんじゃなくて、その途中《とちゅう》で、一度、研修をね、上手に……。まあ、例えば、「東京都における外国人研修」のようなものを短期間やって、それを受けさせて、まあ、言葉は悪いかもしれないけども、〝洗脳〟をキチッとしておかないといけないわけで。「こんな自由な、繁栄《はんえい》する国になりたいな」、「人権弾圧《だんあつ》をしないで、いろいろな人が、自由に活動できるような国にしたいな」と、彼らが思って帰るように、そういう仕組みをつくる必要がある。

向こうへ行けば、南京大虐殺《ナンキンだいぎゃくさつ》の資料館とか、そんなのを見せられるんだろうと思いますけれども、日本には、そういう戦略性が足りないと思いますねえ。「どこが、どう違《ちが》うのか」をね、よく見せてやったらいい。

（中国国民は）情報統制をそうとうされていますから。洗脳されているんですね。十三、四億の人が洗脳されてるって、もう大変なことですし、韓国《かんこく》の人だってねえ、そうとう洗脳されています。

「日本の報道の自由度は七十二位で、韓国は七十位」とか言ってるけども、素《す》直《なお》には受け取れない部分はありますねえ。韓国のほうで流せない情報はいくらでもありますからね。

少なくとも、日本で外国人が、〝安倍《あべ》首相侮辱罪《ぶじょくざい》〟で訴《うった》えられるっていうことは、普通《ふつう》ありません。一方、「（豪華《ごうか》客船転覆《てんぷく》事故があった際に）韓国大統領が七時間いなかったのは、〝ボーイフレンド〟と一緒《いっしょ》にいたからではないか」って、ほかの記事が書いてることを、後追い記事で書いて、産経新聞の支局長が訴えられるみたいなことがありました。

「報道の自由度」っていうのであれば、日本が、それ（韓国）より後《おく》れてるは

●**報道の自由度**　言論の自由・報道の自由を擁護することを目的とした組織である「国境なき記者団」は、2002年以降、180カ国・地域を対象に「報道の自由度」のランキングを発表している。2016年、日本は前年の61位から大幅に順位を下げ72位となった。韓国70位、中国176位、北朝鮮179位。

ずがありませんよ。
そういう報道の自由度についての自己認識も、やっぱり、日本の自虐史観が入ってるんでないかと思う。

釈　なるほど。

七海ひろこ守護霊　中国なんかは、もう〝欄外《らんがい》〟というか、世界の国のナンバーの外側にあると思うんですよね。

釈　（笑）

七海ひろこ守護霊　〝番外編〟だと思うんですよ。

釈　中国は番外編である、と。

七海ひろこ守護霊　これはもう、「ランキングできない」と思うんですよ。だいたい、北京《ペキン》大学とか清華《せいか》大学とか、そんなところがねえ、アジアのトップクラスの大学だなんて、こんなの、とんでもない。中国共産党の実態を知らないままにねえ、政治教育や法律教育をやってるんですから、それはねえ、大変なことになりますよ。

七海ひろこ守護霊の考える「東京都知事の条件」とは

釈　昨日《さくじつ》（二〇一六年七月十三日）、七海さんは、東京都知事選への出馬表明の記者会見におきまして、「東京がナンバーワンでなければイヤなのでございます」

ということで……。

七海ひろこ守護霊　ああ……。「ございます」がいいですねえ、何か。「イヤなのでございます」。ちょっと時代がかってますが。

釈　ええ。そのようなお言葉を頂きまして、「東京を世界ナンバーワンに」という強い思いを語られているわけなのですけれども、そのあたりを、もう少しお聞かせいただければと思うのですが。

七海ひろこ守護霊　まあ、事実上、そうでなければならないでしょう。だから、〝岩手県知事〟なんかを持ってきたら、ナンバーワンは難しくなりますよ。とっても難しくなりますよ。これ、もう一回這《は》い上がるのは、極《きわ》めて難しい。

ああ、岩手の人に申し訳ない。岩手から東京へ来てる人も一部いらっしゃるので……。ちょっと、おたく、最近、入ってるんじゃないですか？（注。本霊言《れいげん》収録前日の二〇一六年七月十三日、幸福実現党の幹事長に、岩手県出身者の松島弘《まつしまひろ》典《のり》が就任した）

釈　いえ、いえ。ああ、ちょっと……（笑）（会場笑）。

七海ひろこ守護霊　そのへん、ちょっと問題が……。まあ、差別発言になる可能性が多少あるかもしれませんが、客観的に言わせていただければ、やっぱり、そうは言っても、〝岩手県産〟の人なら、私の言うことを認められると思うんですよ。「岩手県知事に東京都知事が務まるか」といったら、普通は「やめといたほうがいいんじゃないか」と。

釈　では、ズバリ、「東京都知事の条件」を挙げるとすれば、どのような条件になりますか。

七海ひろこ守護霊　やっぱり、「若くて、頭がよくて、美人であること」（会場笑）。

七海　もう少し中身のある……（笑）（会場笑）。

七海ひろこ守護霊　ああ、分かりました。若くて頭がよくて美人で、さらに、「お金持ちの実感がきちんと分かってる人」。

釈　ああ。今日、七海さんは、街頭演説におきまして、まさに、「お金の重みが分かっているか」ということを叫《さけ》んでおられたのですけれども……。

七海ひろこ守護霊　うん、うん！

「憲法九条を護《まも》れ」「安保《あんぽ》法制反対」と唱《とな》える人たちへの疑問

釈　まさに、舛添《ますぞえ》氏の辞任あたりから、「政治とカネ」の問題が、東京都においては、非常に重いテーマになっています。このあたりは、どうお考えでいらっしゃいますか。

七海ひろこ守護霊　ですからねえ、まあ、それは大きな問題なんですけど、とにかく、もう左翼《さよく》の問題。国防において、まったく正反対のことを言っている。

だけど、外交的に、本当に侵略《しんりゃく》しようと思う、客観的証拠《しょうこ》がありますよね。

例えば、岩礁《がんしょう》を埋《う》め立てて島にして、次に空港をつくって、軍艦《ぐんかん》をいっぱい寄せてるようなところに「侵略の意図がない」なんて、これ、誰《だれ》が見たって、そんなのは認められないし（笑）。ミサイル基地までつくっている。

要するに、「平和第一」「憲法九条を護《まも》れ」「安保《あんぽ》法制反対」って言ってる、この人たち、もうみんな、ちょっと脳の検査をしたほうがいいと思います。

釈　（笑）

七海ひろこ守護霊　本当におかしいです。もう、頭の回路が全然つながってないので、いったいどんな教育を受けたのか、訊《き》いてみたいと思いますが、これが一点。

「情報通信」の進化が富を減らす方向に行っていないか

七海ひろこ守護霊　もう一点は、今、情報通信……、まあ、私も仕事では関係があったことでございますけど、今世《こんぜ》ね（注。七海ひろこは慶應《けいおう》大卒業後、二年間、NTTデータに勤めていた）。

情報通信でどんどん便利になっていって、いろいろな情報が安価《あんか》に手に入り、発信できるようにはなっているけれども、「それが富を生む方向に行っているのか、富を減らす方向に行っているのか」というフィルターが、もう一つ必要だと思うんですよ。

どんどん、無限のデフレを起こすような方向にしか動いてないんだったら、ちょっと、これ、考えたほうがいいと思いますねえ。

例えば、本だったら、「千五百円で売れた本が二百五十円になるだけ」ということであって、作家の印税も、「千五百円だったら一冊当たり百五十円入ったのが、二百五十円になったら二十五円になる」というだけだったら、これは、もう当然ながら貧しくなりますよね。やっぱり、出版社の利益も減りますよね。売上も減る。

もちろん、それは、「紙が要《い》らなくなる」ということがありますが、製紙業者が潰《つぶ》れるし、(以前、大手家庭紙メーカーに勤めていた釈に)あなたがいたようなところが潰れれば、製本業者も潰れれば、取次店《とりつぎ》も潰れるわ、本屋も潰れて、あるいは、外国の木材を供給しているところも潰れていくようなことですが。

これについては、情報通信的に〝楽になっていく〟ことが富を減らす可能性はあるので、いちおう智慧《ちえ》を練り込《こ》まないと危険だと思いますねえ。

都庁を「シンクタンク」として活用すれば、富は生み出せる

七海　細《こま》かい点で恐縮《きょうしゅく》ですが、その「智慧」という部分について、実際に都政で、何か具体的に提言したり、政策として落とし込めるような角度ということでもよいので、教えていただけたらと思います。

七海ひろこ守護霊　ええ。東京都のほうは、実は、「情報の塊《かたまり》」なんですよね。（東京都の人口は）一千三百万人の人がいて、そのなかで（都の職員は）十六万人。まあ、これには警察も入っています。警察、消防署も入って、水道局も入っているので、実際の、いわゆる知識ベースでの都庁の労働者は、五万人いるかどうか。それより少ないかもしれませんけれども。

それでも、いちおう、国政も含《ふく》めて、（行政府は）東京にありますので。国政

も含めて、〝情報のシンクタンク〟になってるんですよ、都庁はね。

だから、東京都を中心にして、ある意味で、情報産業を起こす可能性はありえるんですよ。都の持っている情報を上手に使えば、いろいろな産業が実は起こせる。そういうところがあるので、私は、「公務員だから稼《かせ》いじゃいけない」なんていう考えは間違いだと思うんですよ。

釈　なるほど。

七海ひろこ守護霊　全部、税金を取って、それで税金をばら撒《ま》いて、要するに、「失業対策に使う」っていうような考え方、「失業対策として、公務員を雇《やと》う」みたいな考え方はね、これ、やっぱり、おかしいんであって。やっぱり、「きちんと付加価値を生みなさい。あなたがたの仕事の関連で出てくるでしょう?」と。

いろいろな情報を集めているんですから。全部集めている。不動産情報から、何もかも持ってますよ、情報を。

これをねえ、やっぱり上手に活《い》かせば、民間産業的な動きも十分できるので。民間と互角《ごかく》に競争する必要はないかもしれないけども、少なくとも、彼らの一枚上を行く、情報産業的なものとしての、シンクタンクとしての付加価値を提出することはできると思うんですね。

だから、都庁職員の一部は、そういう研究所、シンクタンク的な部分として移行して、〝知恵を売る仕事〟を、少ししてもいいんじゃないかと。

税金だけに頼《たよ》らないで、独自の情報網《もう》から、「新しい産業を起こす」ための、そうした知的蓄積《ちくせき》をお金に換《か》えていく。情報をお金に換えていく仕事ができるんじゃないかと思うんですね。

これをやればねえ、もうちょっと独自の収入をつくることも可能になるし、それで、民間業者も仕事ができるようになります。

七海　先ほど、富の根拠《こんきょ》の二つのうちの一つとして、「知識」ということを言ってくださいましたけれども、ということは、もう、「東京都庁の職員自身で富を創造することが可能なんだ」ということですね。

七海ひろこ守護霊　うん、そうです。もう、そうしなければいけないでしょう。

6　お年寄りや若者層に向けた繁栄《はんえい》の政策

高齢者《こうれいしゃ》が住みやすい「二十四時間都市・東京」構想

七海ひろこ守護霊　それから、やっぱり、老人がね、これから増えてきますので。高齢《こうれい》人口が増えてきますので、これも、東京都のあり方としては非常に重要なことだと思うんです。

今までの老人ホームっていうのは、もう田舎《いなか》の湖のほとりとか、川のほとりとか、海岸の近くとか、山の上とか、すごく人が少なくて、景色がよくて、散歩ができるようなところにつくることが多かったんですけれども、高齢化してからあとの時間が長すぎるので、そういう、「ただただ変化のない景色で、静かで」っていうだけだとボケが進みます。

そういう意味で、「年を取ってボケないためにはどうしたらいいか」っていうと、やはり、知的な活動が続けられることが大事なんですね。

だから、私はやはり、「年を取れば取るほど、都市での生活が便利になるように、いろいろなところを改善していきたいなあ。お年寄りをもうちょっとお呼びできるような街にしていきたいなあ」と思いますねえ。

例えば、銀座《ぎんざ》なんか、本当は、容積率を大改革して、「銀座のショッピングモールの上には老人ホームがある」というぐらいのほうが楽しくてよろしい。

釈　はい。

七海ひろこ守護霊　それから、新宿《しんじゅく》や渋谷《しぶや》にも、若者だけがいなきゃいけない理由なんかまったくない。その上に、老人が金を持って遊んでも構わないわけで。

釈　非常に面白《おもしろ》いビジョンなのですけれども、それは、「リッチな高齢者が都心部で遊ぶ」というイメージなのでしょうか。

七海ひろこ守護霊　うん。それで、もちろん治安もよくしなきゃいけませんよね。「夜になったら、お年寄りが襲《おそ》われる」みたいなことがあってはいけませんから、治安もきっちりしながらの、「二十四時間都市」への方向ですね。

釈　ええ。

七海ひろこ守護霊　「治安をよくしながら、二十四時間都市にしていくにはどうしたらいいか」っていう。これはもう、具体的に策定できることでしょうね。

できるだけ都市部に住んでいただいて、それで、高層のビルをつくったら、そうした住居部門以外に、空中に庭園部分とか、お年寄りの運動の（できるような）部分とか、あるいは、保育園とか、幼稚園《ようち》とか、そういうものも一緒《いっしょ》に併設《へいせつ》したらいいんですよ。

それで、お年寄りとかが、それに一緒にジョイン（参加）して、活動できる場とかをつくる。そして、下の一階のほうは、商業の店舗《てんぽ》があったり、ビジネスの会社があったり、いろいろしてもいいと思うんですけど、「もう少し、都市部で、お年寄りが住みやすい環境《かんきょう》をつくりたいなあ」という気がしますね。

年金を支えるには、「空中権」から富を創造するべき

七海　本当に、それを実現させていきたいなと思うと同時に、「東京においては、

格差の拡大がある」というところについてお伺《うかが》いしたいのですけれども……。

七海ひろこ守護霊　うん、うん。

七海　私も、参院選（第24回参議院議員通常選挙。二〇一六年六月二十二日公示、七月十日投開票）の期間には、年金受給者の方から、「アパートを追い出されることになって、本当にどうしたらいいか分からない」というようなお声なども聞いてまいりました。

そういった方々も含《ふく》め、すべての所得層、すべてのライフスタイルの方々に、一定の幸福と安心を提供させていただくには、どのような展開といいますか、可能性がありますでしょうか。

七海ひろこ守護霊　いや、その年金の部分は、若者がどんどん減っていく状況《じょうきょう》においては、だんだん支えるのが無理になると思います。二人で一人、そのうちに、一人で一人を支えるくらいにならなきゃいけなくなるので。

要するに、まったく自分の親なら、とにかく分かりますけれども、「自分の親でもない人を、若い人が一人で（高齢者を）一人支えなきゃいけない。夫婦《ふうふ》二人だったら、他人様《たにんさま》を二人分背負わなきゃいけない」ということになりますので、その負担は、ある意味で、若い人のチャンスの平等をそうとう圧迫《あっぱく》することにはなるでしょうね。

だから、「新しい富の創造」が絶対に必要になります。

その富の創造は、やはり、今言った「空中権」から行うべきだと思いますね。

「空中権」の活用など日本を繁栄に導く数々の政策を提言。
『夢のある国へ――幸福維新』
（幸福の科学出版刊）

「容積率の改善」をすることによって、「空中権」を生んで、そこに「新しい富」を発生させる。

その「空中権」については、地方からも買えるし、都内からも買えるし、外国からももちろん買える部分はあると思うんですけど、「『空中権』によって新しい富を生み出す。その部分で新しい財源をつくる」。これが大事なんじゃないかと思いますね。

一定の学歴や資格を得たら、豊かになるチャンスを与《あた》える

釈　七海さんには、「リッチな若者層を都心部につくっていきたい」という思いがおありなのですけれども、「若者世代を豊かにする策」については、何かお考えがございますか。

今の「空中権」なども富を生むことにはなりますが、「若者訴求《そきゅう》で経済的なも

の」として、何かお考えがありましたら……。

七海ひろこ守護霊　うーん……、若者も、お年寄りの「年金で生活できるかどうか不安だ」というのと同じようなことを言っていて、「学資の部分の奨学金《しょうがくきん》が返せないので、それをタダにしてくれ」というようなことを言ってる。まあ、いちおう、それを肯定《こうてい》する方向が人気の出る政策だとは思うんですけども、その「学資の部分」、「学費」ですね。

ただ、私立の学費なんかに関しては、アメリカのほうがはるかに高くて、奨学金の額も大きいですわね。その代わり、若くても出世できる。要するに、学力、学歴を取れば、若くしても出世できる。彼らは、二十代で副社長、バイスプレジデントになってますよね。

例えば、大学を卒業して数年で、あるいは、大学院でMBA（経営学修士）を取って帰ってきたら、「バイスプレジデント」ということで、収入は破格に高くなりますね。

これは、日本で言うと、たぶん、〝二十年から三十年ぐらい飛ぶ〟かたちになると思うんです。日本の賃金体系っていうのは、非常に緩《ゆる》やかで長く勤めるスタイルになっていますけども、やっぱり、若い人にリッチになってもらうためには、一定の条件をクリアしたら、リッチになるチャンスを与《あた》えることが大事なんじゃないかと思うんです。

だから、「安定を求めて、緩《ゆる》やかに年功序列で上がっていって、定年まで勤めて、子育てが終わって、家が一軒《けん》持てればいい」という路線に乗る人もいていいと思いますよ。でも、それ以外に、若いとき、みんなが遊び回っているときに、きちんと勉強して、「富の創出にかかわる仕事に就《つ》きたい」と考えているような人に、そうした、〝二十年ないし三十年ぐらい飛ぶ〟かたちを……。

要するに、家を建てられる年齢が、普通《ふつう》はだいたい、四十代、五十代ですよね。四十代、五十代になったらマンションを買ったり、家を建てたりできますけれども、それを、もう二十代後半ぐらいで達成できるようなコースを多少あげるべきだと思うんですね。

それは、幸福の科学でもチャレンジしているとは思うんです。女性の登用もしているし、若い人の登用も、ときどきしていますよね。

だから、能力があると見たら、チャレンジさせていただける。そして、もちろん、やって成功する場合もあれば、失敗することもある。まあ、失敗しても、またそのキャリアをもとにして、例えば、転職していける。

そういう、「上手に会社選びとかをしながらスキルを増《ま》していく方法」を、もうちょっと流動社会として確立しなければ……。もう動けないものだと思って、「最低賃金を上げる」というようなことばかり考えていると、それはちょっと無理で、社会主義国みたいになってしまうんじゃないかと思います。

だから、学歴等、あるいは、勉強で資格を取ったりすることによって、ジャンプするチャンスをつくる。要するに、奨学金等でも返せますよね。それだけ収入が上がれば返せます。

「若者が活躍《かつやく》できる社会」をつくり、チャンスの多い企業《きぎょう》を選ばせる

七海ひろこ守護霊　そうした自分の力で返せるチャンスをつくると同時に、もう一つは、学力的なものだけではなくて、経験的なもので、何か成功したら、〝自分の値段〟を高くして売り込《こ》めて、次なるポスト、仕事を探せるような、そういうチャンスに満ちた、若年層《じゃくねんそう》の活躍《かつやく》を許容する社会をつくらなきゃいけない。

今、それがあるのは、スポーツ選手の世界と、だいたい、歌手や女優の世界、俳優の世界等で、そういうところは年齢に関係なく、若くても成功することは可

能ですが、それ以外の世界においては、かなり厳しいと思うんですね。

釈　うーん。

七海ひろこ守護霊　もちろん、肉体労働だったら、若い人のほうが上だろうし、それから、接客だって、「年を取ればいい」ってわけではなくて、若くても上手な方はいる。だから、ただただ年功序列に組めば、それはよくないでしょうね。でも、「いくら売っても基本給が決まっていて、ちょっとボーナスが大目に出る程度」というぐらいの会社が多いですよね。

やっぱり、実際に売る差には、すごく個人差がございますので、そうした能力比に対応した報酬《ほうしゅう》体系、昔で言う「外資系」みたいな体系に近いですけども、それを企業《きぎょう》も少し入れなければいけないんじゃないかなあと。

それから、「『企業に人気があるか。ブラック企業化して人気が落ちるか』によって、人材が移動してくるのは当たり前なんだ」ということを、もっと受け入れないといけないということ。

また、大学なんかの卒業生については、「入り口で、大会社、百年会社に入りさえすれば成功した」みたいに見る考え方は改めて、もうちょっとチャンスの多いところを選んでいくことが大事ですよね。

例えば、ハーバードの卒業生なんかも、そんなに大企業に行かないで、やはり、金融《きんゆう》系等で、出世のチャンスがあって、大儲《おおもう》けできるようなチャンスのあるところを選んで、けっこう行ってますね。だから、そんな大きいところばかりを狙《ねら》ってるわけじゃありません。

そのへんのところをねえ、ちょっと大小だけで考える気《け》があるので。「すでに大きいっていうことは、もうそんなに出世の余地がないし、均質化《きんしつか》している」

ということなので、価値観として、そういうものが喜ばれた時代もあるけれども、「これからは、もうちょっと流動的な時代に入るんだ」ということを受け止めれば、若者でもチャンスは増えると私は思います。

7　東京の未来ビジョンを語る

東京を「美しく豊かな都市」に変えたい

釈　それでは、少しテーマを変えますが、今、選挙戦では、「有権者の心に届かせたい」ということで、いろいろなキャッチフレーズをつくったりしながら、メッセージを届けようとしています。そこで、心に届くかたちで政策を訴《うった》えたり、メッセージを訴えたりするためのヒントのようなものがありましたら、お教えいただきたいと思います。

七海ひろこ守護霊　やっぱり、まず、東京そのものを「美しく豊かな都市」に変える必要がありますね。まあ、「豊かな都市」は、すでに発信されていると思うんですけど、「美しさ」が足りない。

釈　「美しさ」？　ああ……。

七海ひろこ守護霊　うん。もっと美しくなければいけない。

美しいのは夜景だけですね。空からジェット機で羽田《はねだ》に降りてくるときの東京の夜景は美しい。「世界一美しい」とも言われることがある。

しかし、実際の街を歩いてみれば美しくない。もう、バラバラですね。まあ、「自由の発露《はつろ》だ」と言えばそれまでなんですけれども。自分が勝手に建物を建てたり、いろいろしたりするのは自由なんだけれども、やっぱり、全体として付加価値が上がるように街づくりはしなければいけないでしょう。

そのへんについては、小池百合子《こいけゆりこ》さんなんかも言っていたけれども、例えば、「電柱とか電線を見えないようにしたほうがいい」っていう。

釈　はい。

七海ひろこ守護霊　これは、外国生活をしたことがある人は、すぐ分かることですよね？

そういう電線や電柱等がいっぱいあるために、ヘリコプターが飛べないですよね。ヘリコプターの離着陸《りちゃくりく》が極《きわ》めて難しくて、引っ掛《か》かったら墜《お》ちますからね。つまり、カラスが味わっている恐怖《きょうふ》と同じものを、ヘリコプターは味わっているわけです。学校の敷地《しきち》だって、そんな容易には降りられない。何に引っ掛かるか分からないですからね。

そういう意味で、災害のとき等も、非常に機動力が落ちています。「日本人には、その電線が見えない」っていうのが、本当に定説になっていて（笑）、気にならないのでしょうけど、外国人にはとても気になる部分ですね。

まあ、そのへんも始めて、それから、外観をもうちょっと揃《そろ》えるっていうところですかね。それはもう少し努力が要《い》るんじゃないですかね。

それに対しては、だいたい創価学会《そうかがっかい》系、共産党系の人たちが、土地の収用について反対運動を起こしていて、そういう、美しい街並みを破壊《はかい》している人たちが、かなり頑固《がんこ》に住んでますねえ。反対運動を起こして、たぶん、土地の値段を釣《つ》り上げているんだと思われますが、ほとんどが創価学会系、共産党系の方々でしょう。これが、土地の再開発を妨《さまた》げているところがあります。

中国みたいなところは強権《きょうけん》が利《き》きますから、再開発がすごく簡単にできているところがありますけれど、同じようにはいかないかもしれないまでも、やっぱり、もう一段、「美観」ということを共通項《こう》にして、協力する姿勢というか、まあ、そういうものを、都民に、道徳的義務として受け入れてもらってもいいんじゃないかと。

釈　ああ、なるほど。

七海ひろこ守護霊　「美しい街づくりに対しては、みんなに責任がある」ということを、もうちょっと訴えかけたいですね。

釈　はい。ありがとうございます。

日本には「国内において非武装であることの豊かさ」がある

七海　「街づくり」というところでいくと、今の東京都民、あるいは日本全体も同じかとは存じますが、地震《じしん》が多発しているなかでの「防災」の課題、また、テロが多いなかでグローバル化していく上での「テロ対策」、この二つのところが、大きな関心としてもあるかと存じます。

この「街づくり」と、「防災機能の強化」、「テロ対策」のところで、何かお考えがあればお聞かせいただきたく存じます。

七海ひろこ守護霊　「テロ対策」のところは、今は比較《ひかく》的、世界のなかで安全な都市の一つではあろうかなと思います。

アメリカあたりでも、そうとうな射殺事件が起きていますけど、日本では、拳《けん》銃《じゅう》を持っているのは警察官と暴力団だけで（笑）、それ以外の人は持ってませんから。それから、各家庭に拳銃があるということもありませんので。

その意味では、オバマさんがこれから未来でやりたいことを、日本はすでに成し遂《と》げているわけです。そういうことは、秀吉《ひでよし》の時代に、すでにだいたい終わっているので（笑）。もう、五百年も進んでいる。世界に先駆《さきが》けて五百年前には、もう「刀狩《かたなが》り」が終わっておりますので、非常にこれは有利です。

新しい外国人が入ったところで、拳銃の所持なんかできませんし、刀剣《とうけん》類を振《ふ》り回すことも、やっぱり不可能ですので。ちゃんと日本人化して住んでいただくと。移民にも、ちゃんと日本人化の条件をつけて、「日本はそういうところなのだ」ということをやるということですね。「他の人の平和を脅《おびや》かすようなかたちでは、日本人としては住めないのだ」ということを義務づける。

まあ、外国人であっても、夜、拳銃を持たずに街を歩けるっていうことは、非常にいいことですからね。

それから、独《ひと》り者《もの》の女性がですねえ、夜の十時、十一時にマンションに帰ってこられるっていうのも、諸外国に比べたら非常に有利なことです。

それから、小学生が男女問わず、渋谷《しぶや》の交差点を、塾《じゅく》のランドセルみたいなものを背負って、（夜の）九時過ぎに歩いている。これも〝非常に進んだ光景〟で、なかなかありえないことですから。優《すぐ》れた資産はいっぱい持っているんですよね。

あと、「二十四時間都市」にしていくためには、さらに照明の部分を強くしたり、警察で補《おぎな》い切れないところは、民間のセキュリティシステムをもう一段上げていったりすることでできると思うし。防犯用には、防犯カメラ等の設置台数等はまだまだ少ないでしょうから、そういうかたちでの「防犯都市化」は、努力として可能だし、それは、「新しい事業」とも兼《か》ねることができると思うんですね。

だから、都の職員なんかで余っている人たちは、東京都のマンション前で警備員をすれば、仕事としては十分に「新しい仕事」が生まれるんじゃないかとは思いますねえ（笑）。

けっこう制服に弱い国柄《くにがら》ですので、ちゃんと制服を着て、腕章《わんしょう》をしていれば、だいたいそんなに抵抗《ていこう》はしませんから。「二十四時間都市」になるのなら、新宿《しんじゅく》の歌舞伎町《かぶきちょう》なんかは、都庁の職員が腕章を巻いて制服を着て歩けば、それで十分いけます。

釈　いやあ、本当ですね。

七海ひろこ守護霊　ええ。戦う必要はないので。

釈　はい。

七海ひろこ守護霊　そういうふうにして、いっそうの防犯、あるいはテロ対策というのは、要するに、単にもう一段、「日本化」の時間面積を広げるだけのことですからねえ。

外国人がたくさん来て住んでるところにも、今後、いろいろと問題は出てくるかもしれませんが、やはり、「日本化」を進めていくことが大事なことで、国内において「非武装であることの豊かさ」という意味を、もっと知ったほうがいい。

だから、これが、凶悪《きょうあく》犯罪が多発すると、女性や子供たちは本当に外出することができなくなってきます。非常に危険になってきますので。もし、警察で足りない部分があれば、東京都の職員を増やさなきゃいけないことになるので、ちゃんと民間業者を育て上げていくことが大事かなあと思います。

8　「七海ひろこの魅力《みりょく》」とは？

「多くの人の心をつかめること」が〝最終兵器〟になる

釈　七海さんの魅力《みりょく》についても、少しお訊《き》きしたいのですけれども、以前、ネパール大使ご夫妻がいらっしゃったときに、七海さんがサリーを着て出迎えて、大使の心を鷲《わし》づかみにしたというエピソードがあります。そのように、「会った方が一気にファンになる」というのが七海さんの魅力だと、よく言われております。

　この「人の心をつかむ秘訣《ひけつ》」のようなものは、テーマとしてお持ちなのかなと思うのですけれども。

七海ひろこ守護霊　それはもう、「永遠の課題」ではあろうと思いますけども。

釈　課題ですか。

七海ひろこ守護霊　結局ですねえ、やっぱり、「どれだけ多くの人の心をつかめるか」ということが、あらゆる業種において、〝最終兵器〟なんですね。

多くの人の人気を取り、支持を取ることができれば、いかなる仕事をしても成功する。もちろん、政治家であろうと、セールスマンであろうと、不動産開発業者であろうとですね、どんな業種であろうと成功する。それは、宗教だろうと一緒《いっしょ》だと思うんですね。

やはり、多くの人の心をつかんでいくことは、大事なことです。ただ、人の心をつかむときに、セルフィッシュっていいますか、それを利己心からつかもうと思うならば、それはいずれバレてくる部分でございます。その〝ペイントの部分〟が剝《は》がれてきますので。そうではなくて、本当に相手を喜ばせようという気持ちを常に持ち続けることだと思うんですね。「相手が喜ぶためにはどうすべきか」ということを考えながら、自分を演出するということを常々考えていけば、世界は二倍、三倍、明るくなっていく。輝《かがや》いていくと思いますね。

だから、気をつけないと、美を求める人たちも、極《きわ》めてセルフィッシュ、利己主義的になる傾向《けいこう》がございます。そういう、他を蹴落《けお》として、「私だけが美しいでしょう?」というかたちの方向に行く人は、ある意味では、霊的《れいてき》に見れば、美しくはないわけです。他の人たちを楽しませたり、喜ばせたりと、他の人たちとお互《たが》いに豊かな気持ちになって、ほめ合うような社会をつくれるような人は、その「徳」がにじみ出して美しく見えるということが、大事なことなのではないかと思います。

このへんはですね、教えられなくても、多くの人が感じ取っていくものなんですね。

また、政治家、あるいは、その候補者として出ている人であれば、言葉の端々《はしばし》から出てくるものかと思いますけれども、そのへんは、やっぱり、宗教を勉強した者としては、忘れてはならないところだと思うんですね。

普段《ふだん》から感じる「七海ひろこのオーラ」

七海ひろこ守護霊　（栩坂に）真ん中の人、もう少し言わないと、座《すわ》っている意味があんまりないのではないでしょうか。

栩坂　七海さんは、いつも本当に謙虚《けんきょ》でいらっしゃいまして、腰《こし》の低い方である一方で、昨日《きのう》（七月十三日）、東京都知事選挙に向けた決起大会では、たくましい一面も見せられたりして、強い信念をお持ちでいらっしゃいます。本当にたくさんのファンがいらっしゃるのですが、そのオーラはどこから来ているのでしょうか。

七海ひろこ守護霊　いや、あなたの目も、とっても魅力的ですよ。

栩坂　いや、もう……。

七海ひろこ守護霊　もう、見つめられると、何か、恋《こい》をしてしまいそうな気分になります。

栩坂　（笑）（会場笑）

七海ひろこ守護霊　じっと見つめられると、もう、言葉にならないものが……。

七海ひろこの「好きな男性のタイプ」とは

釈　あまり訊くと怒《おこ》られるかもしれないのですが、お好きな男性のタイプは、どんな……（会場笑）。

七海ひろこ守護霊　（笑）まあ、それは秘密中の秘密なので。外れた人ががっかりされるといけないので、いろんなタイプの方を、私はご尊敬申し上げていると言っておきたいと思いますが、あえて、わがままを言わせていただくとするならば、やっぱり、「日々に、創意工夫《そういくふう》をして、イノベーションできるようなタイプの人」は素敵《すてき》だなあと思いますね。

例えば、夫婦《ふうふ》になるとして、夫婦喧嘩《げんか》が起きる。妻からのクレームが入って、喧嘩が起きて、それで言い返すというだけの繰《く》り返しをするような夫婦生活だったら、やっぱり、寂《さみ》しいじゃないですか。

妻からクレームが出て、夫婦喧嘩をしたら、ちゃんと考え直してみて、「自分なりの生き方」や、「発言の仕方」や、「ものの考え方」等を工夫してみる。ひと工夫してみようかなと、すぐに考えるような人は、やっぱり、いいなあという感じがします。

9 「三十一歳《さい》の真剣勝負《しんけんしょうぶ》」を挑《いど》むわけ

エル・カンターレがいちばん苦しいときにお支えするのが使命

釈　七海さんは、今、「三十一歳の戦い」ということで、若いながらも、今回、真剣勝負《しんけんしょうぶ》で臨《のぞ》んでいます。その真剣な姿が、たいへん感動を呼んでおります。この迫力《はくりょく》といいますか、こうした姿勢が、多くの共感を呼んでいくと思うのですけれども、若くても、今、こうした立場に立ち、挑戦《ちょうせん》するということに対して、

2010 年に栃木県那須郡に開校した幸福の科学学園中学・高等学校(那須本校)。2013 年 4 月には、滋賀県大津市に関西校が開校した。

「今はそうした時期にあるのだ。それは十年後でも二十年後でもなく、今だからこそ、この挑戦をしているのだ」というように考えてもよろしいのでしょうか。

七海ひろこ守護霊　宗教的な答えになってしまうかもしれませんけれども、やっぱり、「エル・カンターレがいちばん苦しいときにお支えする」ということが使命だと思うんですね。

今まで、（大川隆法は）仕事でかなり成功なさってきていますが、ご自分でも、「学校、大学をつくり、それから政党を立てるところが、たぶん、いちばん厳しいだろう」「十年ぐらい、そうとう苦しむだろう」というふうにおっしゃっていました。ご自分でも分かっておられます。

ハッピー・サイエンス・ユニバーシティ（HSU）。「現代の松下村塾」「日本発の本格私学」として、2015年に千葉県長生村に開校した。

本来、宗教としては、学校をつくったり、政党をつくったりするのは、もう、二代目、三代目ぐらいの仕事なんだろうと思うんですね。それを初代でやろうとしている。ご自分としてもかなり厳しいのはご存じだと思うけれども、「二代目、三代目に、この難しい仕事を残したくない」という気持ちから、少なくとも〝基《き》礎《そ》工事〟のところまでは、エル・カンターレがご自分でやりたいと思っておられる。その面、無理はなされていると思うんですね。

普通《ふつう》の宗教の教祖として、新しく「教義」を説いて、「立宗《りっしゅう》」して、「宗教の建物」を建てたら、これはもうかなりのところでありまして、初代では、教義を説いて人を集める、公会堂みたいなところに人を集めるぐらいのことはできてもですね、建物を建てて、支部を建てたり、それから正心館《しょうしんかん》みたいなのを建てたりするのは、たいてい二代目ぐらいの仕事なんです。

それで、三代目ぐらいになってくると、資本が蓄積《ちくせき》されてきて、政治運動をやったり、それから、学校なんかに手を出したりするのですが、先生の場合は、それを一代で全部、原型《げんけい》をつくろうとなされている。

この、そうとう時間を詰《つ》めてやろうとしている部分が、非常に〝上《のぼ》り坂〟で、〝心臓破り〟で、厳しいところに来ているんですね。今、その厳しいなかを行《い》っていると思うので、そのみんなの信仰心《しんこうしん》が離《はな》れてしまう可能性がある〝上り坂〟のところで、手綱《たづな》をつかんで、頑張《がんば》っていらっしゃるんだと思うんです。

だから、「今、お支えしないで、お支えするときはない」というふうに、私は思っています。私は、「二千八百年後の誓《ちか》い」は、これをやらなければ反故《ほご》になってしまうと、今、思っておりますので（注。「大川隆法の意識の一部は、今か

東京正心館（東京都港区高輪）。幸福の科学は2016年7月現在、全世界に正心館や精舎、支部精舎等を700カ所以上に展開している。

ら約二千八百年後に再び地上に生まれ変わる」という予言に基《もと》づいた発言と思われる。『黄金の法』（幸福の科学出版刊）、「未来世透視《みらいせとうし》リーディング――地球と宇宙を貫《つらぬ》く正義、ニューアトランティス、新ムー帝国《ていこく》と主の再臨――」（二〇一二年三月二十九日収録）等参照）。

先生は、ほんとは、「もう最後は一人ででもやろう」と考えてるんだろうと思いますので、「いや、そんなことはありません。弟子《でし》だって頼《たよ》りにしてくださって構わないんです。私たちの肩《かた》の上に乗ってください」という気持ちを、女の身ではあるけれども、ぜひとも表明して、実践《じっせん》して見せたいなあと思っています。

すべては、「三代目までにやるはずの仕事を初代でやってのけよう」としておられるところに、厳しい面が出ていると思うけれども、私は、それは先生の大きな愛だと思うので、決して、自己実現のためのセルフィッシュな思いではないと思うんですね。

やはり、教団を未来永劫《えいごう》、繁栄《はんえい》するものにするための、ある意味での犠牲《ぎせい》になろうとなされていると思うので、「少しでも、神輿《みこし》の棒の一本でも担《かつ》ぎたいな」と、そういう気持ちでいっぱいです。

今、「日本の深層底流」で起きつつある「根本的な価値革命」

七海　ありがとうございます。

それと同時に、教団だけでなく、今回の選挙でほかの候補の方々を拝見していましても、「本当にこの日本を繁栄に導けるのか、滅亡《めつぼう》へといくのか」という、その岐路《きろ》に立っていることをひしひしと感じております。

そしてまた、今のお話をお聞きいたしましても、政策云々《うんぬん》ということを超《こ》えて、「思想の部分」がかなり大きいとも感じております。

ここに大きな壁《かべ》はございますが、東京都民の方、また東京都知事選をご覧になる日本全国の方々に対して、どのようにお伝えしていけばよいかというところを、ご指導いただけたらと存じます。

七海ひろこ守護霊　いやあ、もう一つの「大きな壁」はあると思うんです。昨日《きのう》、天皇陛下《へいか》の生前ご退位の話も出ておりましたですけれども、高天原《たかまがはら》の神々が幸福の科学に降りておられることの霊的《れいてき》な意味合いには、実はものすごい存在感があるのだと思うんですね（注。二〇一六年七月十三日、「天皇陛下が、天皇の位《くらい》を生前に皇太子殿下《でんか》に譲《ゆず》る『生前退位』のご意向を宮内庁《くないちょう》関係者に示されている」との報道が出た）。

だから、一時的な泡《あぶく》現象で終われば、政界、それから皇室も含《ふく》め、財界、マスコミ界全体も「今までどおりいけるんだな」と思うんですが、言っている内容が本当に本当だったら、これは、私たちが言っているように本当の「霊性《れいせい》革命」だろうし、「天からの革命そのものになるかもしれない」という畏《おそ》れは持っていると思うんです。

その〝畏れの部分〟に対して、現状を維持《いじ》して、できるだけ変えないようにしてみたり、この世的にある程度、経歴と資格のあるような人が連綿《れんめん》と同じようなことを続けていって、総理大臣も「親、子、孫、曾孫《ひまご》」と同じように続けていけるようにしていったら、社会は大して変わらないと思っているようなところですが。

まあ、今のマスコミは「現状維持」というのが基本なんだと思う。悪口、批判は言いつつも、現状維持でないと怖《こわ》くて、価値判断ができなくなるからですね。だけど、幸福の科学に起きていることを本気で捉《とら》える人が国民の過半数を超えたら、憲法を改正しなくても、国体自体がそうとう変わってしまう可能性があるんですね。やはり、その「怖さ」は感じているのではないかと思います。

まあ、「菊《きく》のタブー」とか「鶴《つる》のタブー」とか言われていますけれども、「RO（幸福の科学のマーク）のタブー」というものも出てきています。「批判をしてもいいけれども、十分に怖い」という。

本当に、「高天原や、宇宙の中心や、あるいは、地球のその他の国々をも動かしている神々の力を結集して、新しい宗教が起きている」としたら、これは、マスコミごときが嚙《か》みついて、吠《ほ》えついて済むような問題ではなくなるということです。

国ごと全部が引っ繰《く》り返って、まったく新しい国体ができる。「神々が本当に御一新《ごいっしん》をしようとしている」というのだったら、「おおさか維新」なんかとは全然違《ちが》う話になるので。それは、「東京の代わりに大阪《おおさか》を繁栄させよう」というぐらいの維新だったと思うけれども、まったく違った根本的な価値革命になるので、底はそうとう深いと思います。

今、そうとう深い、〝深層底流《しんそうていりゅう》〟が動いていて、静かに浸透《しんとう》してきていて、かなり分かってはきているけれども、「まさか、そこまでは」という気持ちがあるのではないかと思います。

意外に、外国の人のほうがニュートラルにそれを感じ取ってきつつあるし、マスコミのなかにいる人たちも、その情報や知識に対する敏感度《びんかんど》は非常に高いので、ある程度表面的には、もう、かなりキャッチしてきていると思うんです。

「ガラスの壁《かべ》」を打ち破り、奇跡《きせき》を起こしたい

七海ひろこ守護霊　今回は都知事選ですけれども、都知事選一つを取っても、これで、「まさか」というところまで打ち抜《ぬ》いてみたいなあと、自分では思っています。

そうすることによって、新聞とかテレビとか週刊誌なんかを読んで〝常識〟を

形成して、そのなかで学校教育を受けて育った大人たちが、幸福の科学のなかにもいっぱいいるわけなので、「まさか、これは破れないだろう」と思っているような壁《かべ》がいっぱい張り巡《めぐ》らされていると思うんですね。それをどこかで突破《とっぱ》していく人間が一人出れば、やはり、次々と続くものが出てくると思うんです。

それは、どのような戦いでもいいんだけれども、みんなの予想を超える結果を出さなければいけない。

（幸福の科学では、信仰によって）すでに、末期のガンとか、いろんなものがいっぱい治っているような状況《じょうきょう》ですが、政治だって、ガンがあっちにもこっちにもあるわけですよ。〝末期ガン〟があっちもこっちも進行している状況ですけれども、そのガンを一瞬《いっしゅん》にして消滅させることができたら、どうでしょうか。

医学的には不可能なことが現実に起きているのですから、政治においても……、まあ、それは、わずか二週間やそこらの選挙戦ですけれども、どこかでガンが消滅するような奇跡《きせき》を起こすことができたら、一つ起きれば二つ、二つ起きれば三つ、三つ起きれば十、十起きれば百と、いろんなところで起きてくると思うんですね。

そういう意味で、みなさんに自信を持っていただきたい。私はその役割を何か果たすことができればうれしいなと思います。

釈党首もすごく頑張って、不惜身命《ふしゃくしんみょう》の思いでされているのに、信者や会員のレベルでも、そうした〝常識の壁〟に挟《はさ》まれて、「今日と明日《あした》には、ほとんど差がない。一日、年を取っただけだ」と思っているような人がまだまだ多くいて、そうした奇跡を体感できないでいます。

また、政治家で自民党だ、民進党だと、いろいろあるし、大臣だとか、いろんなものを経験した人はみんな偉《えら》い人なんだと思い込《こ》んでいるけれども、どっこい、神様の世界から見れば、宗教をやっていて、神様に近い人のほうが偉いんですね。

民主主義は、ピラミッドでいくと、人数の多いほうが世の中を動かせるようになっている。まあ、近代以降、そうなっていますけれども、実際は、もう、ローマ法王が否定されたように、「神の教えは民主主義どおりになっていない。神様から出たものがずっと下へ行って広がっていく教えを教えているのが私たちの仕事なのであって、民主主義的ではない」と言っているところもあります。

だから、民主主義的に、この世的に、頭を集めて知恵《ちえ》を出してやれる部分も生かしていけばいいとは思うけれども、それであってはいけない部分もあると思うんですね。それは、「崇高《すうこう》な部分」「高邁《こうまい》な部分」「人間としての道徳性が絡《から》んだような部分」だろうと思うんです。

そういうところに対しては、やはり、「根本的に、信仰心のある国家につくり変えていく」ということが極《きわ》めて大事なことで、そういうことの任に堪《た》える人がほかの候補にいるかどうか、よく見ていただきたいというふうに思っています。

そこを、何とか風穴《かざあな》を開けてやっていきたいと思うんです。

今回の参院選を見ても、地方の選挙区では、(幸福実現党の立候補者で)若かったり無名であったりしても、すごいパーセンテージを取られた方もいます。だから、人一人で、けっこう頑張ったところもあるのではないかなと思います。

六十代の人たちから見れば、それは頼りなく見えるのかもしれませんけれども、戦い方のなかで、そういう政治を長く見つめている人たちから見て、「この人は、ちょっとキラッと光るものがあるなあ」というところをできるだけ見せて、認めていただけるような道を拓《ひら》きたいと思います。

信者みんなが感じている、この「ガラスの壁」を、ぜひとも破っていきたいと、まあ、そういうふうに考えています。

10　女神《めがみ》から日本国民に贈《おく》る「繁栄《はんえい》のメッセージ」

「日本の繁栄《はんえい》は決して揺《ゆ》るがない！」

釈　奇跡《きせき》を起こすべく、七海さんが一人、立ち上がりました。

今年は「革命の年」と言われていますけれども、今回の都知事選挙が下半期の革命の幕開《まくあ》きであり、まだまだこれから日本を大きく揺《ゆ》さぶっていける、そんな予感がします。立派な戦いをしていきたいと思っています。

七海ひろこ守護霊　大臣とか、知事とか、ニュースキャスターとか、何ほどのものだと、私は思っているんです。「女神《めがみ》の権威《けんい》」のほうがずっと上なんですから、決して「位負《くらい》け」などしていません。私はそう思っています。それが「信仰《しんこう》の証明」だと思うので、何とかして乗り越《こ》えていきたい。みなさまがたのお力をぜひとも頂きたいと思います。

必要なものは、やはり、「日々の智慧《ちえ》の獲得《かくとく》」ですし、「日々の改善の積み上げ」ですし、「勇気を失わず、気概《きがい》を決して失わないこと」です。

「日本の繁栄《はんえい》は決して揺るがない！」

その言葉を胸に秘めてやっていきたいと考えております。

七海　本当にありがとうございます。

今、神々は、日本の中心・東京に集まっていなければおかしい

七海　そろそろお時間が来てしまいますけれども、最後に、東京都民の一般《いっぱん》有権

者の方々に、何か一言《ひとこと》メッセージ、あるいは、今後の東京のビジョンを頂けましたら、本当にありがたく存じます。

七海ひろこ守護霊　神様は三重《みえ》県の伊勢神宮《いせじんぐう》にだけいらっしゃるわけではないということを知っていただきたいと思います。

日本の中心は東京です。だから、神様は、今、東京にいなければおかしいので、東京には神々が集まっているはずです。

その神々の力を止めているものが、左翼《さよく》勢力として邪魔《じゃま》をしているのだったら、それを打ち破る光となりたいというふうに思っておりますので、どうか、「光」を感じていただきたいと思います。

「光」は、いろんな媒体《ばいたい》、活字を通したり、あるいは電波を通して伝わっていくものだと思います。

そのポーカーフェイスをしているマスコミの人たちの心のなかまで、その光を射《さ》し通していきたい、突《つ》き通していきたいと思っています。

神々は今、東京に集まっている。これを実感していただきたいと、強く強く願っています。

信仰をしている人が、それを恥《は》ずかしいと思うような世の中は、絶対に間違《まちが》っています。伊勢神宮に行ったら、一生懸命《いっしょうけんめい》にお参りするんでしょう？　そういうふうに、田舎《いなか》の、都会に関係のないところに神々がいても構わないと思っているかもしれませんが、これは〝神々の左遷《させん》〟ですから、それではいけないと思いますね。

やはり、今、人間が働いているところ、いちばん悩《なや》み、苦しみ、戦っているところにこそ、「神々の支援《しえん》」は降りてきているはずです。しかし、それを受ける力がないから分からなくなっているのだと思いますので、こうしたマイナスの考え方に対して、優《やさ》しい顔をしながら、徹底《てってい》的に戦っていきたいと思っています。

釈　本当に気高《けだか》く、美しく、また、信仰溢《あふ》れる素晴《すば》らしいお言葉を賜《たまわ》りました。本当にありがとうございます。必ず、都知事選において勝利し、そして、この東京を光に満たしてまいります。

本日はまことにありがとうございました。

七海ひろこ守護霊　ありがとうございました。

11　七海ひろこの守護霊霊言《れいげん》を終えて

「ときめき」という言葉をキーワードにして戦う

大川隆法　（手を軽く二回叩《たた》く）たいへん勇《いさ》ましい方のようでございます（笑）。まあ、（釈党首と）同質といえば同質のような方ですね（笑）。

七海　とんでもないことでございます。まだまだ追いつかないところでございます。

釈　「女の戦い」でございますけれども（笑）、「主をお護《まも》りしたい一心で、聖《せい》都《と》・東京で戦う」ということで決定していますので、頑張《がんば》っております。

大川隆法　大臣とか、知事とか、キャスターとかで名前を売った人が三人ほど有力候補で出ていますが、一日見たら、もう飽《あ》きてきました。

七海　ああ……（笑）。

大川隆法　言うことが飽きてきましてね。やはり、あれを十八日間もやられたらたまりませんので。

釈　先の参議院選挙におきましては、七海候補は、次から次へと新しい部分が出てきまして、安倍《あべ》首相に対して、「腰抜《こしぬ》けでございます」とか、また「甘《あま》ちゃんでございます」とか……。

大川隆法　（笑）（会場笑）

七海　申し訳ございません（苦笑）。

大川隆法　それは、安土桃山《あづちももやま》時代のような、〝何か〟が入っているような感じがありますね。

釈　そういう意味では、これから、非常に面白《おもしろ》い戦いが展開されると思います。

七月三十一日まで、本当に真剣勝負《しんけんしょうぶ》で戦ってまいります。

大川隆法　とにかく、「キラキラと残る言葉」を出したいですね。

釈　（七海は）「ときめき」という言葉をキーワードにして、頑張ってまいります。

大川隆法　ああ、いいんじゃないですか。

七海　（栩坂が）一つの言葉として、考えてくださった方でございます。

大川隆法　ああ、そうですか。

でも、この人の目にジーッと見つめられると、本当にときめいてきますね。何だかたまらないものがありますね（会場笑）。

栩坂　もったいないお言葉、ありがとうございます。

大川隆法　ご出世なされて、本物の真珠《しんじゅ》をつけられるように希望しています。みなさんで力を合わせながら突破《とっぱ》してください。

七海　はい。

真に人々の幸福を願う気持ちがあれば、道は必ず拓《ひら》ける

大川隆法　今の予想として名前が出ている主な候補の人たちには、魅力《みりょく》はあまりないというか、もう分かっているというか、まあ、「最後の勲章《くんしょう》が欲《ほ》しい」ということだけなのではないかと思います。

ですから、若い女性の力が出てくると、やはり、日本を変える大きな牽引力《けんいんりょく》に

なるのではないでしょうか。

釈　既存《きぞん》の政治勢力に脅威《きょうい》を与《あた》えるような存在が、若い世代からどんどん出てきておりますので、それを最大の強みとして戦っていこうと思っています。

大川隆法　結局は、多くの人たちの人気を集めたら、やはり、それは無視できないものになるのですね。

まあ、たとえは悪いかもしれませんけれども、ヒットラーなども、最初に出てきたときには党員も三万人ぐらいしかいなかったところから、国民の九十パーセントの支持を取るところまで行っています。

もちろん、これと一緒《いっしょ》にしてはいけませんが、一九三九年には、ヒットラーは「自分は神から送られた救世主だ」と信じるようになっていて、ドイツを二十年で立ち直らせたことで、周りもそうだと思っていました。しかし、一九四四年ごろには、「神がドイツを滅《ほろ》ぼすために送られた方だ」と、みんな信じていたと言われています。まあ、それは半分冗談《じょうだん》として聞いておきますけれども（笑）。

そういうことで、「敗戦から這《は》い上がる」という意味では通じるものがあるのかもしれませんが、（大切なのは）「最終目的として、多くの人々の幸福に向かっているかどうか」のところだと思うんですね。やはり、それは、自分の野心・野望だけで最終目的を決めたらいけないところですね。

最初は小さくても、大きくなるための道としては、いろいろなやり方が数多くあるのだろうと思うのですが、そこに嘘《うそ》がなく、人々の幸福を願う気持ちがあれば、道は必ず拓《ひら》けるのではないかと思っています。

今回の参議院選挙でも、幸福実現党は、地方の選挙区では六パーセントぐらいまで取ったところも出てきていますが、この世的に見れば、それほど有名でも偉《えら》くもない方々ですので、六パーセントもの支持を取れるということは、「もはやカルトではない」と思いますね。

オウム真理教が真理党として選挙に出た当時、全国で信者一万数千人とも言われましたが、麻原《あさはら》は千七百票ぐらいしか票を取れなかったので、サリンを撒《ま》きたくなったという説もありました。

しかし、幸福実現党は、県単位で何万票も取れるようになってきて、かなり一《いっ》般《ぱん》的な支持が出来上がっているというので、既成勢力にとってもそれなりの脅威になっているとは思います。数万票を取り始めたら、それがいつ十万票台を超《こ》えていくか分からないところで、時間の問題という可能性もあります。

今回の東京都知事選では、立候補者として出たのが最終のタイミングだったために最後のほうに名前が出ている状態ですが、最初は泡沫扱《ほうまつあつか》いで、上位三人だけで選挙戦をやっていたとしても、十数日もやっていると、マスコミも退屈《たいくつ》してきて、ほかの候補者のなかで何かキラッと光っている人がいないか探し始めるかもしれません。やはり、そこで抜け出していくことが大事なのではないかと思います。

「紅《こう》一点ではなくなった。女性の都知事候補がもう一人出てきた。しかも若い。若くて美人の都知事候補の女性が出てきた」ということで、十分に話題性があると考えれば、そういうふうに変わってくる可能性もありますので、ぜひとも、そういう未来を思い描いていきたいと思います。

釈　ありがとうございます。

七海　必ずや、当選圏内《けんない》を狙《ねら》ってまいります。

大川隆法　今日、これから政見放送（の収録）がおありなんですか。光を込《こ》めて、頑張ってください。

釈　本日は本当にありがとうございました。

あとがき

収録時点で満三十一歳、最年少の都知事候補は、東京を世界№1にしようとしている。

東京は知性水準においても、豊かさにおいても、世界のトップであるべきである。チャンスの街《まち》であり、かつ、世界一のビジネス、芸術、文化の都でなくてはなるまい。

日本の神々も、伊勢神宮の山中の霊界におわすのではなく、この世界最大の都市で働きを活発化させている。「都会は地獄《じごく》に似《に》ている」とは、昔からいわれていることであるが、東京を「ザ・シティ・オブ・エンゼルズ」に変えるのが七海女史の使命でもあろう。格差《かくさ》問題の不満をも吹き飛ばす、成功の街、富の街、東京を創《つく》り出そう。時間と空間から新しい富を創造しよう。神秘のスーパーシティを実現しよう。未来を若きスーパーレディに託《たく》してみよう。

この神託《しんたく》を受け容《い》れたなら、日本の繁栄は絶対に揺《ゆ》るがないだろう。

二〇一六年　七月十五日

幸福《こうふく》の科学《かがく》グループ創始者兼総裁《そうししゃけんそうさい》

幸福実現党創立者兼総裁《こうふくじつげんとうそうりつしゃけんそうさい》　大川隆法《おおかわりゅうほう》

『繁栄の女神が語る　TOKYO 2020』大川隆法著作関連書籍

『黄金の法』（幸福の科学出版刊）
『正義の法』（同右）
『夢のある国へ――幸福維新』（同右）
『繁栄思考』（同右）
『未来へのイノベーション』（同右）
『資本主義の未来』（同右）
『富国創造論――公開霊言 二宮尊徳・渋沢栄一・上杉鷹山――』（同右）

※左記は書店では取り扱っておりません。最寄りの精舎・支部・拠点までお問い合わせください。
『富の創造について――岩崎弥太郎の霊言――』（宗教法人幸福の科学刊）

繁栄《はんえい》の女神《めがみ》が語《かた》る　TOKYO《トウキョウ》 2020
──七海ひろこ守護霊メッセージ──

2016年7月16日　初版第1刷

著　者　大《おお》川《かわ》隆《りゅう》法《ほう》

発行所　幸福の科学出版株式会社
〒107-0052 東京都港区赤坂2丁目10番14号
TEL(03)5573-7700
http://www.irhpress.co.jp/

印刷・製本　株式会社 研文社

落丁・乱丁本はおとりかえいたします

ISBN978-4-86395-816-6 C0030
写真：PHGCOM

天照大神《あまてらすおおみかみ》の未来記

この国と世界をどうされたいのか

日本よ、このまま滅びの未来を選ぶことなかれ。信仰心なき現代日本に、この国の主宰神・天照大神から厳しいメッセージが発せられた！

1,300円

女性リーダー入門

卑弥呼・光明皇后が贈る、現代女性たちへのアドバイス

自己実現の先にある理想の生き方について、日本の歴史のなかでも名高い女性リーダーからのアドバイス。

1,200円

豊受大神《とようけのおおかみ》の女性の幸福論

欧米的な価値観がすべてではない――。伊勢神宮・外宮の祭神であり、五穀豊穣を司る女神が語る、忘れてはいけない「日本女性の美徳」とは。

1,500円

※表示価格は本体価格（税別）です。

大川隆法ベストセラーズ・女性の幸福を考える

女性らしさの成功社会学

女性らしさを「武器」にすることは可能か

男性社会で勝ちあがるだけが、女性の幸せではない——。女性の「賢さ」とは? 「あげまんの条件」とは? あなたを幸運の女神に変える一冊。

1,500円

夫を出世させる「あげまん妻」の10の法則

これから結婚したいあなたも、家庭をまもる主婦も、社会で活躍するキャリア女性も、パートナーを成功させる「繁栄の女神」になれるヒントが、この一冊に!

1,300円

父と娘のハッピー対談②

新時代の「やまとなでしこ」たちへ

大川隆法　大川咲也加　共著

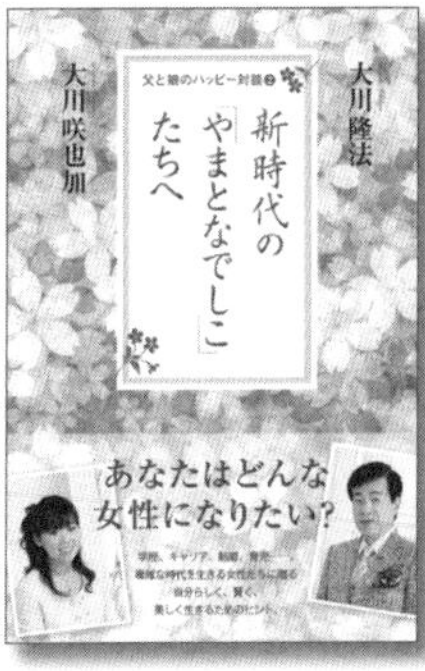

新時代の理想の女性像に思いを巡らせた父と娘の対談集・第二弾。女性らしさの大切さや、女性本来の美徳について語られる。

1,200円

大川隆法ベストセラーズ・幸福実現党の目指すもの

幸福実現党宣言

この国の未来をデザインする

政治と宗教の真なる関係、「日本国憲法」を改正すべき理由など、日本が世界を牽引するために必要な、国家運営のあるべき姿を指し示す。

1,600円

宗教立国の精神

この国に精神的主柱を

なぜ国家には宗教が必要なのか? 政教分離をどう考えるべきか? 宗教が政治活動に進出するにあたっての決意を表明する。

2,000円

政治革命家・大川隆法

幸福実現党の父

未来が見える。嘘をつかない。タブーに挑戦する——。政治の問題を鋭く指摘し、具体的な打開策を唱える幸福実現党の魅力が分かる万人必読の書。

1,400円

幸福の科学出版

大川裕太著作シリーズ・幸福実現党の目指すもの

幸福実現党テーマ別政策集
1「宗教立国」

「政教分離」や「民主主義と宗教の両立」などの論点を丁寧に説明し、幸福実現党の根本精神とも言うべき「宗教立国」の理念を明らかにする。【幸福実現党刊】

1,300円

幸福実現党テーマ別政策集
2「減税」

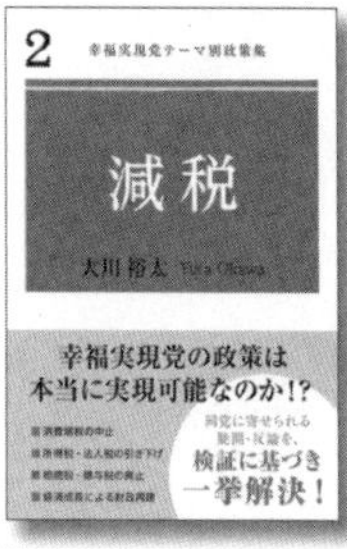

消費増税の中止など、幸福実現党が立党以来掲げてきた「減税」政策に関するさまざまな反論に対して、懇切丁寧に解説、疑問を一掃する。【幸福実現党刊】

1,300円

幸福実現党テーマ別政策集
3「金融政策」

景気回復に「金融政策」がなぜ有効か? 幸福実現党の金融政策を平易に説明するとともに、行き詰まりを見せているアベノミクスとの違いを浮き彫りにする。【幸福実現党刊】

1,300円

幸福実現党テーマ別政策集
4「未来産業投資/規制緩和」

「二十年間にわたる不況の原因」、「アベノミクス失速の理由」を鋭く指摘し、幸福実現党が提唱する景気回復のための効果的な政策を分かりやすく解説。【幸福実現党刊】

1,300円

※表示価格は本体価格(税別)です。

大川隆法シリーズ・**最新刊**

生長の家 三代目 谷口雅宣のスピリチュアル分析

初代とは真逆の政治思想を発信し、環境左翼化する「生長の家」──。現総裁の本心と、霊界から教団に影響を与えている"存在"の正体に迫る。

1,400円

生長の家 創始者 谷口雅春に政治思想の「今」を問う

大東亜戦争、憲法と天皇制、保守思想と国家論……。従来の保守思想から大きく変質し、左傾化する現在の教団について、初代総裁の考えを訊く。

1,400円

未来へのイノベーション

新しい日本を創る幸福実現革命

経済の低迷、国防危機、反核平和運動……。「マスコミ全体主義」によって漂流する日本に、正しい価値観の樹立による「幸福への選択」を提言。

1,500円

大川隆法ベストセラーズ・地球レベルでの正しさを求めて

正義と繁栄

幸福実現革命を起こす時

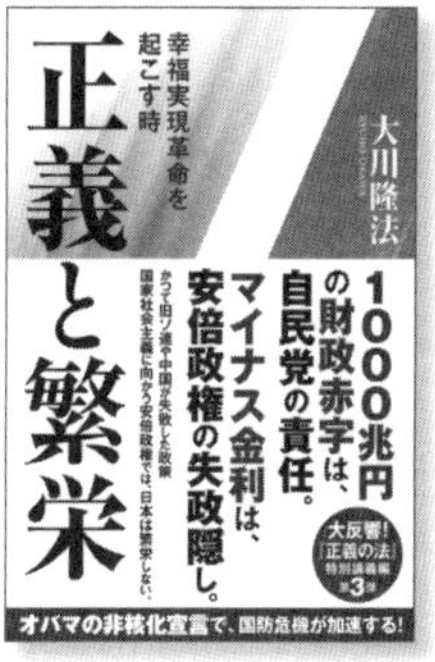

「マイナス金利」や「消費増税の先送り」は、安倍政権の失政隠しだった!?
国家社会主義に向かう日本に警鐘を鳴らし、真の繁栄を実現する一書。

1,500円

世界を導く日本の正義

20年以上前から北朝鮮の危険性を指摘してきた著者が、抑止力としての日本の「核装備」を提言。日本が取るべき国防・経済の国家戦略を明示した一冊。

1,500円

現代の正義論

憲法、国防、税金、そして沖縄。
――『正義の法』特別講義編

国際政治と経済に今必要な「正義」とは――。北朝鮮の水爆実験、イスラムテロ、沖縄問題、マイナス金利など、時事問題に真正面から答えた一冊。

1,500円

幸福の科学グループのご案内

宗教、教育、政治、出版などの活動を通じて、地球的ユートピアの実現を目指しています。

幸福の科学

一九八六年に立宗。信仰の対象は、地球系霊団の最高大霊、主エル・カンターレ。世界百カ国以上の国々に信者を持ち、全人類救済という尊い使命のもと、信者は、「愛」と「悟り」と「ユートピア建設」の教えの実践、伝道に励んでいます。

（二〇一六年七月現在）

愛

幸福の科学の「愛」とは、与える愛です。これは、仏教の慈悲《じひ》や布施《ふせ》の精神と同じことです。信者は、仏法真理をお伝えすることを通して、多くの方に幸福な人生を送っていただくための活動に励んでいます。

悟り

「悟り」とは、自らが仏の子であることを知るということです。教学《きょうがく》や精神統一によって心を磨き、智慧《ちえ》を得て悩みを解決すると共に、天使・菩薩《ぼさつ》の境地を目指し、より多くの人を救える力を身につけていきます。

ユートピア建設

私たち人間は、地上に理想世界を建設するという尊い使命を持って生まれてきています。社会の悪を押しとどめ、善を推し進めるために、信者はさまざまな活動に積極的に参加しています。

国内外の世界で貧困や災害、心の病で苦しんでいる人々に対しては、現地メンバーや支援団体と連携して、物心両面にわたり、あらゆる手段で手を差し伸べています。

年間約３万人の自殺者を減らすため、全国各地で街頭キャンペーンを展開しています。

公式サイト www.withyou-hs.net

ヘレン・ケラーを理想として活動する、ハンディキャップを持つ方とボランティアの会です。視聴覚障害者、肢体不自由な方々に仏法真理を学んでいただくための、さまざまなサポートをしています。

公式サイト www.helen-hs.net

幸福の科学グループの教育・人材養成事業

教育

学校法人 幸福の科学学園

学校法人 幸福の科学学園は、幸福の科学の教育理念のもとにつくられた教育機関です。人間にとって最も大切な宗教教育の導入を通じて精神性を高めながら、ユートピア建設に貢献する人材輩出を目指しています。

幸福の科学学園

中学校・高等学校（那須本校）
2010年4月開校・栃木県那須郡（男女共学・全寮制）
TEL **0287-75-7777**
公式サイト **happy-science.ac.jp**

関西中学校・高等学校（関西校）
2013年4月開校・滋賀県大津市（男女共学・寮及び通学）
TEL **077-573-7774**
公式サイト **kansai.happy-science.ac.jp**

仏法真理塾「サクセスNo.1」 TEL **03-5750-0747**（東京本校）

小・中・高校生が、信仰教育を基礎にしながら、「勉強も『心の修行』」と考えて学んでいます。

不登校児支援スクール「ネバー・マインド」 TEL **03-5750-1741**
心の面からのアプローチを重視して、不登校の子供たちを支援しています。
また、障害児支援の**「ユー・アー・エンゼル！」運動**も行っています。

エンゼルプランV TEL **03-5750-0757**
幼少時からの心の教育を大切にして、信仰をベースにした幼児教育を行っています。

シニア・プラン21 TEL **03-6384-0778**
希望に満ちた生涯現役人生のために、年齢を問わず、多くの方が学んでいます。

学校からのいじめ追放を目指し、さまざまな社会提言をしています。また、各地でのシンポジウムや学校への啓発ポスター掲示等に取り組む一般財団法人「いじめから子供を守ろうネットワーク」を支援しています。

公式サイト **mamoro.org**
ブログ **blog.mamoro.org**
相談窓口 **TEL.03-5719-2170**

政治

幸福実現党

内《ない》憂《ゆう》外《がい》患《かん》の国難に立ち向かうべく、二〇〇九年五月に幸福実現党を立党しました。創立者である大川隆法党総裁の精神的指導のもと、宗教だけでは解決できない問題に取り組み、幸福を具体化するための力になっています。

幸福実現党 釈量子サイト
shaku-ryoko.net

Twitter
釈量子@shakuryoko
で検索

党の機関紙
「幸福実現NEWS」

幸福実現党 党員募集中

あなたも幸福を実現する政治に参画しませんか。

○ 幸福実現党の理念と綱領、政策に賛同する18歳以上の方なら、どなたでも党員になることができます。

○ 党員の期間は、党費（年額 一般党員5千円、学生党員2千円）を入金された日から1年間となります。

党員になると

党員限定の機関紙が送付されます。
（学生党員の方にはメールにてお送りします）
申込書は、下記、幸福実現党公式サイトでダウンロードできます。

住所：〒107-0052
東京都港区赤坂2-10-8 6階
幸福実現党本部

TEL **03-6441-0754**
FAX **03-6441-0764**
公式サイト **hr-party.jp**
若者向け政治サイト **truthyouth.jp**

出版メディア事業

幸福の科学出版

大川隆法総裁の仏法真理の書を中心に、ビジネス、自己啓発、小説など、さまざまなジャンルの書籍・雑誌を出版しています。他にも、映画事業、文学・学術発展のための振興事業、テレビ・ラジオ番組の提供など、幸福の科学文化を広げる事業を行っています。

アー・ユー・ハッピー？
are-you-happy.com

ザ・リバティ
the-liberty.com

幸福の科学出版
TEL **03-5573-7700**
公式サイト **irhpress.co.jp**

THE FACT

ザ・ファクト
マスコミが報道しない「事実」を世界に伝えるネット・オピニオン番組

Youtubeにて
随時好評配信中！

ザ・ファクト　検索

NEW STAR PRODUCTION

ニュースター・プロダクション

ニュースター・プロダクション(株)は、新時代の〝美しさ〟を創造する芸能プロダクションです。二〇一六年三月には、ニュースター・プロダクション製作映画「天使に〝アイム・ファイン〟」を公開しました。

公式サイト
newstar-pro.com